AF239937

Der Eurofrust des Dr. Thilo Sarrazin

Walter R. Kaiser

Der Eurofrust des Dr. Thilo Sarrazin

Fakten und Folgerungen
aus und zu dem Buch

Europa braucht den Euro nicht

Bibliografische Information der Deutschen Nationalbibliothek:
Die Deutsche Nationalbibliothek verzeichnet diese Publikation in
der Deutschen Nationalbibliografie; detaillierte bibliografische
Daten sind im Internet über http://dnb.d-nb.de abrufbar.

© 2012 Walter R. Kaiser, Heimsheim
Titelgraphik: © André Gottschalk für DER FREITAG

Satz, Umschlaggestaltung, Herstellung und Verlag:
BoD – Books on Demand

ISBN: 978-3-8448-9580-3

Inhaltsübersicht

Vorwort

"Man muss es sich wohl angenehm vorstellen, Thilo Sarrazin zu sein. Ein oder zwei Bücher schreiben, die zwar kaum jemand komplett liest, die aber Hunderttausende kaufen, durch Talkshows ziehen und vor einem Millionenpublikum für die eigenen Werke werben und schließlich durchs Land reisen und Vorträge halten." So jedenfalls sieht es *Alexander Huberth* von der *Pforzheimer Zeitung* am 14.07.2012, als er über den Vortrag *Sarrazins* vor dem ausverkauften Autorenforum ebendieser Zeitung schreibt.

Europa braucht den Euro nicht – Wie uns politisches Wunschdenken in die Krise geführt hat, hat zwar nicht zu der Argumentations-Hysterie geführt, wie sein vorheriges Buch *Deutschland schafft sich ab.* Aber als Sachbuch hat es dennoch Aufmerksamkeit und Auflage erreicht, um die *Sarrazin* sicherlich von manchem Ökonomie-Professor beneidet wird. Und das liegt ganz gewiss nicht am Unterhaltungswert des Inhaltes. Das Buch ist überwiegend in nüchternem und nicht immer sehr flüssigem Stil geschrieben, verwendet oft Fachbegriffe, die nur Fachleuten sofort verständlich sind, hat auch die eine oder andere Wiederholung und ist nicht frei von subjektiven Urteilen. Manchmal allerdings flimmert etwas von *Sarrazins* Humor, Ironie und vielleicht auch leichtem Zynismus durch die Zeilen. Und um deutliche Worte an der einen oder anderen Stelle ist er auch nicht verlegen. Selbst wenn man über seine Folgerungen verschiedener Meinung sein kann, eines ist gewiss: Er und sein Verlag haben das Thema Euro und Euro-Rettung wirksam in die Öffentlichkeit getragen.

Ich habe *Sarrazins* Buch bei einem Internet-Buchhändler vorbestellt und am 22.05.2012, dem offiziellen Erscheinungstermin auch erhalten. Ich habe es nicht nur ganz gelesen, sondern wie ein Lehrbuch durchgearbeitet, einige Quellenangaben überprüft und zusätzliche Informationen aus verschiedenen Quellen recherchiert sowie eifrig Zeitungsartikel zum Buch und seinen Themen gesammelt. Das macht man natürlich nicht aus reiner Lust und Tollerei. Ziel war es, einen Vortrag zu erarbeiten, der für ein allgemeines Publikum ohne große Spezialkenntnisse verständlich ist, wie ich es auch beim vorherigen Buch *Sarrazins* getan habe.

Bei dem vorliegenden Buch handelt es sich weitgehend um den Vortragstext, erweitert um einige Ergänzungen. Aus dem Vortrag resultieren auch die vielen Abbildungen, die einige Gedanken und Zusammenhänge verdeutlichen. Mein Buch ist gedacht für all diejenigen die a) *Sarrazins* Buch nicht gekauft haben, aber dennoch mitreden möchten, b) es gekauft haben, es nicht oder nicht ganz gelesen haben und c) es ganz gelesen haben, aber nochmals wichtige Aussagen zusammengefasst und leichter verständlich sich in Erinnerung rufen wollen. Es ist also für alle, die sich mit den aktuellen Themen der Finanz- und Eurokrise und den Institutionen zu Ihrer (versuchten) Bewältigung beschäftigen wollen.

Heimsheim im September 2012

Walter R. Kaiser

1 Meinungsspalter Sarrazin

1.1 Geteilt Meinungen in der Presse

*S*arrazins Buch aus dem Jahr 2010 mit dem Titel *Deutschland schafft sich ab* hat nicht nur Wellen geschlagen, sondern eine Zunami-Welle sowohl der Empörung als auch der Zustimmung ausgelöst. Experten stritten sich darüber, ob er mit seinen Aussagen Recht habe oder total auf dem Holzweg sei. Seine unseriösen Kritiker scheuten auch vor persönlichen Diffamierungen nicht zurück. Und einige fernsehsüchtige Talkshow-Prominente haben sich damals mehr oder weniger qualifiziert zu seinen Thesen geäußert. Nun hat *Sarrazin* ein weiteres dickleibiges Buch publiziert. Sein Titel: *Europa braucht den Euro nicht* mit dem Untertitel: *Wie uns politisches Wunschdenken in die Krise geführt hat*. Die Erstauflage betrug 350.000 Exemplare (www.tagesspiegel.de, 20.05.2012). Selbst wenn nur diese Anzahl verkauft wird, wäre auch dieses Buch wieder ein Umsatzrenner, ein Bestseller. Die Meinungen über den Inhalt gehen auch hier auseinander.

Zeitungen und Zeitschriften haben sich kritisch positiv und kritisch negativ mit dem Buch auseinander gesetzt. Die BILD-Zeitung fragt beispielsweise am 22.05.2012 mit dicker Überschrift auf der Titelseite: *„Hat Sarrazin recht?"*. Der ehemalige SPD-Finanzminister *Peer Steinbrück* meinte in einem Artikel der *Frankfurter Allgemeinen Zeitung* vom 24.05.2012, *Sarrazins* neues Buch sei *„unpolitisch aufs Scheitern fixiert"*. In *DIE ZEIT* vom gleichen Tag verkündete *Henrik Enderlein*, Professor

Abb. 1: Sarrazins Buch im Blätterwald
Teilweise noch vor dem offiziellen Erscheinungstermin hat sich die Presse zu Sarrazins neuestem Buch kritisch positiv und kritisch negativ geäußert. Sachlich konnte man kaum Unstimmigkeiten entdecken.

für politische Ökonomie, *Sarrazins* Buch sei: *„ein lang-weiliges Technokratenbuch mit vielen Fehlern, das nur als Pamphlet getarnt ist."* Dagegen lautete die Überschrift über eine Buchbesprechung in der *Frankfurter Allgemeinen Zeitung* ein paar Tage später, am 29.05.2012: *„Ein preußischer Europäer – Sarrazin sagt mehr Vernünftiges als viele seiner Kritiker".*

Und wenn man in die Rezensionen beim Internet-Buchhändler AMAZON schaut, bewerten sehr viele das Buch mit fünf Sternen, der maximal möglichen positiven Bewertung. Einer der Rezensenten stellt in seiner Buchbesprechung fest: *„Der Umstand, dass sich die professionellen Aufreger aus der Politik bisher zurückgehalten haben, lässt erahnen, dass ihnen wohl die Sachargumente fehlen und sie sich nicht in der direkten Auseinandersetzung* mit Sarrazin blamieren möchten. Einige Professoren und Wirtschaftswissenschaftler werden sicherlich ein Haar in der Suppe finden, das sie dann zu spalten versuchen." (Kritischer Leser, www.amazon.de, 06.06.2012)

Wahrscheinlich wird es wieder so sein wie bei *Sarrazins* vorigem Buch: Man hat es gekauft, aber dann doch nicht oder nicht ganz gelesen. Denn insgesamt 464 Seiten wollen nicht nur einfach mal überflogen, sondern erarbeitet werden. Die 556 klein geschriebenen Fußnoten erleichtern das nicht gerade. Und ohne Grundkenntnisse der Volks- und Betriebswirtschaft verliert man sich sowieso an einigen Stellen in den Fachbegriffen.

1.2 Enttäuschung und Frust

Sarrazin ist, wie wir noch sehen werden, offensichtlich enttäuscht, frustriert von der Entwicklung der Eurozone, des Euro und der Politik. Frust ist ja das umgangssprachliche Wort für Frustration. Frustration kommt vom lateinischen Wort *frusta*, was „vergeblich" bedeutet bzw. von *frustratio,* was übersetzt etwa „Täuschung einer Erwartung" meint. Frustration kann entstehen durch tatsächliche oder vermeintliche Benachteiligungen, enttäuschte Erwartungen oder erlittene Ungerechtigkeiten. Psychologen nennen als mögliche negative Folgen frustrierend empfundener Situationen Aggression aber auch Depression. Positive Folge wäre die Motivation etwas zu unternehmen, um sich mit der Frustrationsursache auseinander zu setzen und eventuell die Frustursache zu überwinden. Man könnte daher *Sarrazins* Buch auch als seinen persönlichen Weg zur Frustbewältigung anse-hen. Daher auch der Buchitel: *Der Eurofrust des Dr. Thilo Sarrazin.*

Wollte man *Sarrazins* Fazit zum Euro und der ge-meinsamen Währungsunion an dieser Stelle schon in einem Satz zusammenfassen, dann ist es wahrscheinlich ein Zitat etwa aus der Mitte seines Buches. Es lautet (Sarrazin 2012, S. 235): *„Die gemeinsame Währungsunion wäre im Sommer 1992 jedenfalls politisch tot gewesen, hätte irgendeiner der damaligen Akteure oder Kommentatoren in die Jahre 2010/2011 schauen können."*

Er begründet dies sehr ausführlich, manchmal viel-leicht mit etwas zu großer Detailverliebtheit. Selbstkri-tisch merkt er jedoch in seinem Vorwort an (Sarrazin 2012, S. 23): *„Weil es teils um Werturteile und teils um nur schwer belegbare Einschätzung bestehender Wirkungs-zusammenhänge geht, wird man ganz unterschiedliche Antworten nicht einfach mit dem Prädikat ´richtig´ oder ´falsch´ belegen können. Auch die Antworten die ich gebe, sind von Einschätzungen und Werturteilen geprägt."* Man kann daher durchaus zu anderen Folgerungen kommen. Doch vorher müsste man sich mit seinen Argumenten auseinander setzen. Dieses Buch soll Ihnen das erleich-tern.

1.3 Ausblick auf die folgenden Texte

Was erwartet Sie in den folgenden Ausführungen? Wir beginnen mit etwas, was nicht in *Sarrazins* Buch steht aber von ihm ist: Seine moderne Version des Grimmschen

Märchens von *Hans im Glück*. Dann werfen wir einen Blick auf *Sarrazins* Lebenslauf. Da viel von Geld und Kredit die Rede ist, erinnere ich Sie an den Mythos der Geldentstehung, wie er in vielen einführenden Ökonomiebüchern beschrieben wird. Wir wenden uns dann Begriffen und Institutionen zu, die in *Sarrazins* Buch zentrale Bedeutung haben: *ESZB* – Europäisches System der Zentralbanken, *EZB* – Europäische Zentralbank, *BIP* – Bruttoinlandsprodukt, No-Bail-Out-Prinzip, *ESM* – Europäischer Stabilisierungsmechanismus und dessen Vorgänger *EFSF* – Europäische Finanzstabilisierungs-Fazilität. Dabei erfahren Sie *Sarrazins* Ansichten zu diesen Themen, ergänzt um Beiträge anderer Autoren und Wirtschaftsjournalisten.

Sie lernen dann *Sarrazins* Europa-Geographie kennen, seine Unterteilung in Nord- und Südländer. Anschließend erfahren Sie, welche Gruppen und Interessenvertreter aus *Sarrazins* Sicht besonderes Interesse an einer Eurorettung haben. Zum Schluss stelle ich Ihnen vor, wie *Sarrazin* die Währungsunion und die Zukunft Europas sieht. Ich versuche diese Themen so zu erläutern, dass man sie mit gesundem Menschenverstand verstehen kann. Worauf ich nicht eingehen werde, weil dies den geplanten Buchumfang eines kompakten Taschenbuches gesprengt hätte, ist die Wirtschaftsgeschichte der letzten zwei- bis dreihundert Jahre sowie auf Details der Vorgeschichte zur Europäischen Union und Währungsunion.

1.4 Exkurs: Sarrazins Nacherzählung von „Hans im Glück"

Zu Weihnachten 2008 verschickte *Sarrazin* an Bekannte und politische Freunde einen Weihnachtsbrief. Damals war er noch Finanzsenator in Berlin. Darin erzählt er seine moderne Variante des Grimmschen Märchens von *Hans im Glück* nach. Zur Erinnerung: 2007/2008 begann die aktuelle Finanzkrise. Hier seine Version (www.tagesspiegel.de, 17.12.2008):

Hans hatte sieben Jahre bei seinem Herrn gedient. Da sprach er zu ihm: „Herr, meine Zeit ist herum, nun wollte ich wieder gern zu meiner Mutter, gebt mir meinen Lohn."
Der Herr antwortete: „Du hast mir treu und ehrlich gedient, wie der Dienst war, so soll der Lohn sein", und gab ihm ein Stück Gold, so groß wie Hansens Kopf war. Hans zog ein Tüchlein aus der Tasche, wickelte den Klumpen hinein, setzte ihn auf die Schulter und machte sich auf den Weg nach Haus.
Aber das Gewicht drückte, und der Weg wurde ihm lang und beschwerlich. Da begegnete ihm ein vornehmer Herr in Nadelstreifen, der trug nur eine leichte Ledertasche. „Guter Junge, was plagt Dich denn so?", fragte der Herr. „Ach, das Gold wird mir so beschwerlich, und der Weg ist noch so lang", antwortete Hans. „Da kann ich Dir helfen", antwortete der Herr, „für den Wert des Goldes bekommst Du Bankaktien von mir, und die elegante Ledertasche dazu." Da war Hans aber glücklich und tauschte sofort.
Kurz darauf traf er einen anderen Herrn in Nadelstreifen und erzählte ihm von dem Tausch. Der sagte: „Wie

bitte, Bankaktien? Die sind in der letzten halben Stunde um 50 Prozent gefallen! Hier hast Du Bundesanleihen, da kann Dir nichts passieren." Hans schlug ein und dachte: „Ach, was sind die Menschen doch gut zu mir."

Da traf er schon den nächsten Herrn in Nadelstreifen. „Wieso denn Bundesanleihen?", fragte dieser. „Da verdient man doch nichts und ist ungeschützt der Inflation ausgeliefert. Ich habe ein paar günstige Anteile an Immobilienfonds, da bist du sicher vor der Inflation und hast schöne Einnahmen dazu." Gesagt, getan, Hans zog glücklich mit den neuen Papieren weiter.

Da kam wieder ein Herr in Nadelstreifen des Weges und sagte: „Immobilienfonds sind ein Klumpenrisiko. Ich empfehle Dir asset backed securities. Ich habe hier ein schönes Portfolio, das ist durch Millionen Einfamilienhäuser in Amerika abgesichert!" Hans freute sich sehr und zog mit den neuen Papieren weiter.

An einer Biegung des Weges traf er den nächsten Herrn in Nadelstreifen, der schlug die Hände über dem Kopf zusammen, als er Hansens Papiere sah. „Aber Hans", sagte er, „die Subprime-Krise bringt alle diese Häuser in die Zwangsversteigerung. Jetzt nur schnell verkaufen und sicher investieren. Ich habe hier Lehman-Zertifikate. Die bringen hohe Zinsen und machen Deine Verluste teilweise wieder wett." Hans war ja so dankbar für den guten Rat und schlug freudig in den Handel ein.

Mittlerweile war es spät geworden, und gegen Abend traf er wieder einen Herrn in Nadelstreifen. Der sagte ihm: „Ein schönes Briefpapier, das Du da hast." „Wieso Briefpapier, das sind doch Lehman-Zertifikate", erwiderte Hans. „Lehman existiert nicht mehr", sagte der Herr „jetzt ist *es Briefpapier. Mach das Beste draus und schreibe einen netten Brief an Deine Mutter.“* Das ließ sich Hans nicht zweimal sagen, und abends in der Herberge schrieb er an seine Mutter. *„Liebe Mutter, ich habe so einen schönen Tag verlebt. Ich habe ein prächtiges Briefpapier bekommen, und lauter vornehme Herren haben mich vor schweren Fehlentscheidungen bewahrt. Ich bin der glücklichste Mensch auf dieser Erde.“*

Märchen sind zwar im objektiven Sinne nicht wahr, aber sie transportieren menschliche Erfahrungen und ein Menschenbild. Was wäre das dahinter stehende Menschenbild *Sarrazins*? Naivität und Leichtgläubigkeit in wirtschaftlichen Dingen scheinen aus seiner Sicht Kennzeichen des Normalbürgers zu sein. Und diese Unbedarftheit wird von Geld- und Politikprofis schonungslos und ohne Gewissensbisse ausgenutzt. So staubtrocken manchmal *Sarrazins* Ausführungen sind, einen gewissen Hang zu Humor und Ironie, bis hin zum Zynismus, kann man ihm also nicht absprechen.

2 Wer ist Thilo Sarrazin?

Wer ist nun dieser *Dr. Thilo Sarrazin*? In einem Interview der Zeitschrift *Welt am Sonntag* im August 2010 bezeichnet er sich selbstironisch als *„europäische Promenadenmischung"*. Er entstamme einer Hugenottenfamilie, habe eine englische Großmutter und eine italienische Urgroßmutter. *Sarrazin* ist verheiratet und hat zwei Söhne.

Ein Blick in das Internet-Lexikon Wikipedia nennt einige Daten (www.wikipedia.de). Geboren wurde er am 12. Februar 1945 in Gera als Sohn eines Arztes. Er wuchs in Recklinghausen auf, machte dort auch sein Abitur am altsprachlichen Gymnasium. Nach dem Wehrdienst studierte er Volkswirtschaftslehre an der Universität Bonn. Dort hat er auch seinen Doktortitel erworben. Seine Berufstätigkeit begann er danach bei der SPD-nahen *Friedrich-Ebert-Stiftung* als wissenschaftlicher Angestellter. In dieser Zeit trat er auch in die SPD ein. Ab 1975 war er im Bundesministerium für Finanzen tätig, dann im Bundesministerium für Arbeit und Sozialordnung und anschließend wieder im Finanzministerium. Er war enger Mitarbeiter des Finanzministers Matthöfer und dessen Nachfolger Lahnstein. Er hatte also bis hierher schon eine beachtliche Karriere im politiknahen Umfeld hinter sich.

Nach einer kurzen Episode als Vorstand bei der *Deutschen Bahn AG* – sie dauerte knapp zwei Jahre – wurde er 2002 Senator für Finanzen in Berlin. Er war eine umtriebige Persönlichkeit mit vielen Nebenämtern. Als Mitglied des Berliner Senats hielt er in einem dieser Jahre mit

46 solcher Nebentätigkeiten den Rekord in dieser Disziplin – unter anderem als Aufsichtsrat in verschiedenen Unternehmen. Zu dieser Zeit stand er für eine strenge Spar- und Haushaltspolitik. Im Jahr 2007 erwirtschaftet unter ihm Berlin erstmals in seiner neueren Geschichte einen Haushaltsüberschuss. *Sarrazin* scheute sich nicht, mit deutlichen Worten auf Missstände in Berlin bei Harz IV Empfängern und Migranten hinzuweisen.

Von 2009 bis zu seinem erzwungenen Ausscheiden Ende September 2010 war er im Vorstand der *Deutschen Bundesbank*. Auslöser war – wie vielleicht bekannt sein dürfte – die äußerst kontroverse, teilweise unqualifizierte und polemische Diskussion um sein Buch *Deutschland schafft sich ab*. Hinzu kamen Äußerungen in Interviews, die für viele Leute höchst provozierend waren.

Wer *Sarrazin* in Interviews und Vorträgen gehört hat, wird wahrscheinlich zustimmen, dass er kein besonders mitreisender Redner ist. Seine Sprechweise ist langsam, stockend, manchmal etwas abgehackt und teilweise mit Äs durchsetzt. Doch seine Rhetorik hat sich seit der Vorstellung seines vorherigen Buches *Deutschland schafft sich ab* merkbar verbessert. Ein äußeres Handicap ist auch, dass seine rechte Gesichtshälfte teilweise gelähmt ist; Folge einer Operation eines gutartigen Tumors am Innenohr im Jahr 2004. Es sieht daher so aus, als würde er sein rechtes Auge immer etwas zukneifen. Nichtsdestotrotz fanden und finden seine Aussagen die Aufmerksamkeit und Zustimmung eines sehr breiten Publikums, aber auch teilweise heftige Kritik.

Aus *Sarrazins* Ausbildung und Berufsstationen kann man erkennen, dass er ökonomischen Sachverstand besitzt. Es wäre also schwierig, seine Ausführungen in seinem neusten Buch einfach als inkompetent oder populistisch abzutun. Selbst der ehemalige SPD-Finanzminister (2005-2009) *Peer Steinbrück* muss zugestehen (F.A.Z. 25.05.2012, S. 28): „*Ökonomischer Sachverstand ist Sarrazin nicht abzusprechen. Und in nicht wenigen Einzelpunkten erntet er auch nicht meinen Widerspruch. Mit Empörungswellen wird man diesem Buch jedenfalls nicht beikommen können.*"

3 Vom Geld zur Macht

3.1 Vom Mythos der Geldentstehung

Es geht in *Sarrazins* Buch um Geld und Schulden. Wie ist Geld entstanden? Fast jeder kennt wohl noch die ersten Sätze aus der Bibel (1. Moses 1, 1-4): *„Am Anfang schuf Gott den Himmel und die Erde. Die Erde war wüst und leer, Finsternis lag über der Urflut, und der Geist Gottes schwebte über den Wassern. Da sprach Gott: 'Es werde Licht!' Und es ward Licht.“* Das Licht der heutigen Ökonomie ist das Geld. Es ist ebenfalls ein Schöpfungsakt, wenn auch vielleicht kein bewusster. Und der Schöpfungsmythos des Geldes lautet etwa wie folgt:

Abb. 2: Welt- und Geldschöpfung
Der Mythos der Geldschöpfung beginnt bei der Tauschwirtschaft. Doch die ersten schriftlichen Aufzeichnungen waren Tontafeln mit einen Verzeichnis von Schulden vor etwa 5000 Jahren. Schulden waren daher wahrscheinlich vor dem Geld da.

Am Anfang gehörte alles allen. Man produzierte nur für den eigenen Lebensunterhalt und stellte alles selbst her. Dann begann die Arbeitsteilung mit dem Spezialistentum. Man konnte nicht mehr alles für den eigenen Lebensunterhalt in der Familie oder Kleingruppe selbst erwirtschaften. Daher war es nötig, die eigenen Produkte gegen andere Produkte familien- und stammesfremder Personen zu tauschen. Der Wert der Tauschprodukte musste verglichen und festgelegt werden. Das war nicht immer einfach. Es war schwierig, den geeigneten Tauschpartner zu finden, der genau das hatte, was man selbst brauchte und genau das brauchte, was man selbst hatte. Man erfand einen einheitlichen Wertmaßstab, das Geld in seiner Urform. Meist waren es seltene Naturprodukte wie Muscheln, Edelsteine oder Metalle. Der Wert des Geldes bestand in seiner Fähigkeit, es jederzeit gegen konkrete Produkte eintauschen zu können. Verloren die Tauschpartner das Vertrauen in diese Fähigkeit, wurde das Geld wertlos. – Soweit der Schöpfungsmythos in Kurzform. Ob es so war, weiß man nicht so genau. Aber es könnte so gewesen sein – oder auch anders.

Denn (Sedlàcek 2009, S. 110): „*Das erste Geld waren Tontafeln aus Mesopotamien, auf denen die Schulden verzeichnet waren. Da diese Schulden übertragbar waren, wurden sie zu einer Währung. (…) Diese Tafeln haben mehr als 5.000 Jahre überdauert, sie sind die ältesten erhaltenen Texte.*" Die Geldillusion bestand für lange Zeit darin, dass das Geld selbst einen Eigenwert, einen sogenannten intrinsischen Wert haben würde. Dass man also beispielsweise eine Goldmünze einschmelzen konnte und das eingeschmolzene Gold immer noch den gleichen

Wert als Tauschmittel besaß. Doch unser heutiges Papier- und Buchgeld zeigt deutlich, dass Geld seinen Wert nur dadurch hat, dass die Mitglieder einer Gesellschaft es als Zahlungsmittel akzeptieren und daran glauben, jederzeit damit etwas kaufen zu können. Das marktwirtschaftlich kapitalistische Wirtschaftssystem ist ohne Geld nicht vorstellbar. Der Literatur- und Kulturkritiker *Walter Benjamin (1892-1940)* meint (Benjamin 1921, Fragment: Kapitalismus als Religion): *„Im Kapitalismus ist eine Religion zu erblicken, das heißt der Kapitalismus dient essentiell der Befriedigung derselben Sorgen, Qualen, Unruhen, auf die ehemals die sogenannten Religionen Antwort gaben."* Geld und Gott sind also beide Glaubensangelegenheiten.

Egal, ob Muscheln, Edelsteine, Münzen, Scheine oder Bankguthaben: alle Geldvarianten erfüllen mindestens drei Funktionen. 1) Wertmesser: Verschiedene Güter können durch einen einheitlichen Wertmaßstab miteinander verglichen werden. 2) Zahlungsmittel: Geld vereinfacht den Tausch von Gütern als universelles Zwischenmedium. Und 3) Wertaufbewahrung: Geld vermodert und verrottet nicht. Es kann über lange Zeit aufgehoben werden.

Geld zu haben, bedeutet auch Macht zu besitzen, zumindest potentielle Macht. Nach dem US-amerikanischen Ökonomen *John Kenneth Galbraith (1908-2006)* wäre Geld sogenannte kompensatorische Macht. Er beschreibt sie so (Galbraith 1989, S. 14): *„Kompensatorische Macht [Compensatory power] erzielt Unterwerfung durch das Angebot, Wohlverhalten zu belohnen – das sich unterordnende Individuum bekommt also irgendetwas von Wert*

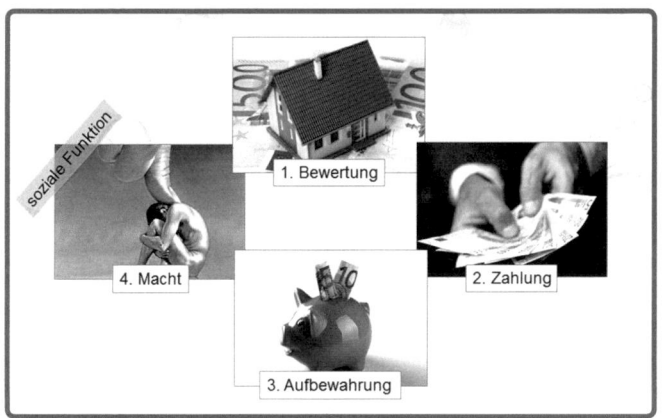

Abb.3: Ökonomische und soziale Geldfunktionen
Geld hat die ökonomischen Funktionen: Bewertung, Zahlung, Aufbewahrung.
Zusätzlich ist Geld ein Mittel, um potentiell Macht über andere Personen aus-
zuüben, sogenannte „kompensatorische Macht".

zum Ausgleich für die Unterordnung." Wenn wir also in die
Firma gehen und dort arbeiten, bekommen wir für diese
Fremdbestimmung unserer Tätigkeit Lohn oder Gehalt
als Kompensation. Macht aber kennt keine natürlichen
Grenzen wie z.B. Hunger. Wer hungert und genügend zu
essen bekommt, hört auf zu essen, wenn er satt ist. Wer
eine Million auf seinem Konto hat, könnte durchaus noch
ein paar mehr verkraften. Alle Staaten haben daher in
Form von Gesetzen, besonders Steuergesetzen, mehr oder
weniger wirksame Mittel und Wege gefunden, um diesen
Machtzuwachs zu begrenzen. Es reicht von der Besteue-
rung des Einkommens und Vermögens, über Zwangs-
anleihen des Staates bis hin zur Enteignung, wenn Geld
durch kriminelle Machenschaften erworben worden ist.

3.2 Dominanz der reinen Finanzprodukte

Eine der Theorien des Geldes fordert, dass idealerweise so viel Geld vorhanden sein sollte, wie es dem Wert der realen handelbaren Güter und Dienstleistungen entspricht. Ist zu viel Geld vorhanden, dann muss man mehr Geld für Produkte ausgeben. Das Geld wird im Verhältnis zu den Gütern entwertet: Inflation. Ist zu wenig Geld vorhanden, steigt der Wert des Geldes und die Güter werden im Vergleich zum Geld entwertet: Deflation.

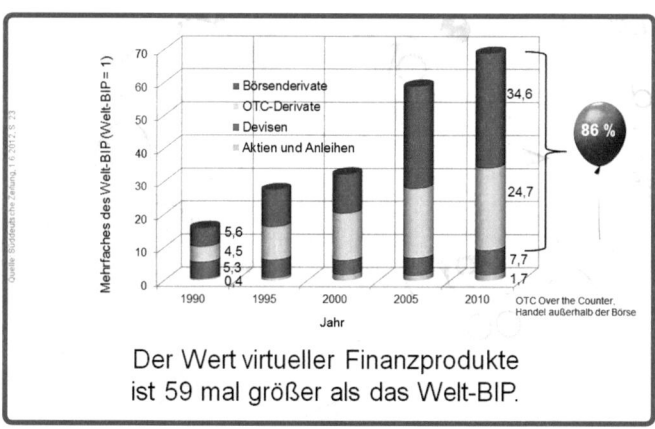

Der Wert virtueller Finanzprodukte ist 59 mal größer als das Welt-BIP.

Abb. 4: Dominanz der reinen Finanzprodukte
Der Kapitalmarkt besteht nur noch zu geringem Teil aus Produkten, die mit der Realwirtschaft zu tun haben. Der überwiegende Anteil besteht aus sogenannten Finanzprodukten. Häufig sind sie mit Wetten auf das Eintreffen bestimmter wirtschaftlicher Ereignisse vergleichbar.

Geld ist nicht nur Münzgeld oder Geldschein. Geld im weitesten Sinne sind alle Schuldverhältnisse, die in einer Währung, also beispielsweise Euro, Dollar, Pfund ausgedrückt werden können. Aktien, also Anteile an konkreten Unternehmen, oder Devisen, also fremde Währungen, die man besitzt, machen heute nur noch einen kleinen Teil dieser Schuldverhältnisse aus. Am Kapitalmarkt überwiegen reine Finanzprodukte. Ihr Volumen entspricht rund dem 60-fachen des Welt-BIP, Bruttoinlandsproduktes. Sie haben nichts mehr mit der Herstellung von klassischen Gütern und Dienstleistungen zu tun haben. Geld ist selbst zu einer virtuellen Ware geworden: quasi Treibgas im Ballon der Kapitalmärkte. Und dieses Gas kann urplötzlich entweichen oder durch einen kleinen Funken explodieren. Nicht wenige Ökonomen sehen genau das als eine der großen Gefahren für unsere Volkswirtschaften, unseres Wirtschaftssystems.

4 Ökonomische Messlatte BIP

4.1 Bruttoinlandsprodukt und was ihm fehlt

Was ist nun dieses Bruttoinlandsprodukt, das eben erwähnt worden ist? *Sarrazin* verwendet es in seinen Ausführungen sehr oft, um Zusammenhänge zu verdeutlichen. Es ist daher hilfreich, sich damit etwas näher zu beschäftigen. Das BIP, das Bruttoinlandsprodukt ist ein Maßstab für den Wohlstand und die Leistungsfähigkeit eines Staates, genauer einer Volkswirtschaft. Es ist definiert als der (www.bpb.de, 16.06.2012): *„Wert aller Güter und Dienstleistungen, die in einem Jahr innerhalb der Landesgrenzen einer Volkswirtschaft erwirtschaftet werden. Das BIP Deutschlands enthält auch die Leistungen der Ausländer, die innerhalb unseres Landes arbeiten, während die Leistungen der Inländer, die im Ausland arbeiten, nicht berücksichtigt werden."*

Vorleistungen bei der Erstellung von Gütern und Dienstleistungen werden abgezogen. Wenn also beispielsweise ein VW Golf in der Herstellung 20.000 € kostet und darin 15.000 € Waren und Dienstleistungen enthalten sind, die von Vorlieferanten bezogen wurden, dann wäre der Beitrag von VW bei der Produktion eines VW Golf nicht 20.000 € sondern nur 5.000 €.

Was nicht im BIP enthalten ist, sind Leistungen aus der sogenannten Schattenwirtschaft. Dazu gehören Arbeiten von Privat an Privat, zum Beispiel unentgeltliche Nachbarschaftshilfe, Erziehung der Kinder durch die Eltern, kostenlose Betreuung pflegebedürftiger Angehöriger. Auch Schwarzarbeit fließt nicht in das BIP. Und

„Leistungen" krimineller Vereinigungen bleiben beim BIP ebenfalls außen vor, obwohl z.B. die Mafia Milliardengeschäfte macht.

Aufschlussreich ist die Tatsache, dass bei den Staaten im Euroraum, die aktuell (2012) die größten Probleme haben, die Schattenwirtschaft besonders hoch liegt. In Griechenland liegt sie bei 24,5 % des BIP, in Italien bei 21,6 %, Portugal 19,4 % und Spanien 19,2 %. Im Vergleich: Deutschland liegt bei 13,4 % und die Schweiz und Österreich bei 7,6 % des BIPs (Wirtschaftsdienst, Heft 4, 2012, S. 214-216). Das bedeutet, dass beispielsweise in Griechenland oder Italien das „echte" BIP größer ist, als das „offizielle" BIP aussagt. Nur werden eben Schwarzarbeit, Bestechung und Erpressung statistisch nicht erfasst.

4.2 Europas BIP im Zangengriff der Welt

Wie hat sich das BIP in den letzten Jahrzehnten entwickelt? In absoluten Zahlen haben die 27 Länder der Europäischen Union 1970 bis 2010 ihr BIP von 5,8 Billionen US $ auf 14,3 Billionen US $ steigern können (www.bpb.de, 12.5.2012). Das wäre an sich eine beachtliche Leistung. Doch andere Weltregionen sind noch stärker gewachsen. Daher hat Europa relativ, also im Vergleich zu den anderen Regionen, ökonomisch in den letzten Jahrzehnten an Bedeutung verloren.

Lag der Anteil der EU-27 Länder am weltweiten BIP im Jahr 1970 noch bei rund 38 %, hat er sich innerhalt von 40 Jahren auf 28 % vermindert. Der Anteil der USA ist zwischen 26 und 28 % etwa gleich geblieben.

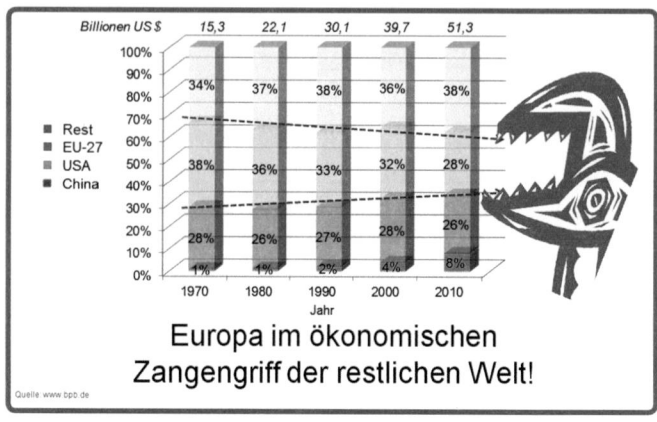

Abb. 5: Relativer Anteil Europas BIP am Welt-BIP (zu Preisen 2005)
Europa hat sein Bruttoinlandsprodukt (BIP) steigern können. Relativ zur
Steigerung des BIP in anderen Weltregionen hat die Bedeutung Europas aber
abgenommen. Die EU sollte diesen Bedeutungsverlust stoppen.

Zugenommen hat China von knapp 1 % im Jahr 1970
auf 8 % im Jahr 2010. Zugenommen haben auch die
sonstigen Staaten von 34 % in 1970 auf 38 % in 2010.
Man könnte sagen: Europa befindet sich wirtschaftlich
im Zangengriff der restlichen Welt.

Ein wirtschaftliches Motiv für die Gründung einer
Europäischen Gemeinschaft war es daher auch, diesen
ökonomischen Bedeutungsverlust mindestens zu stoppen. Man wollte einen Wirtschaftsraum formen, der
mit den Weltregionen außerhalb Europas, also hauptsächlich Asien und USA, mithalten kann. Aber wie wir
noch später sehen werden, waren und sind vermutlich
die ökonomischen Argumente nicht die einzigen Be-
weggründe. Die Gründer hatten auch politische „Hin-
tergedanken".

Wie sieht die Wirtschaftskraft in der EU aus? Das BIP der EU-27 Länder betrug im Jahr 2010 rund 12,3 Billionen €, also 12.300 Milliarden €. Drei Staaten, nämlich Deutschland, Frankreich und das Vereinigte Königreich erwirtschaften zusammen ziemlich genau die Hälfte. Griechenland trägt lediglich rund 2 % bei. Anders ausgedrückt: Von 100 € BIP trägt Deutschland 20 € bei und Griechenland lediglich 2 €. Es ist daher umso erstaunlicher, dass Griechenlands marode Staatsfinanzen die Europäische Union und den Euroraum in den letzten beiden Jahren (2010-2012) so erschüttert haben. Mit rein wirtschaftlichen Überlegungen kann dies nichts zu tun haben. *Sarrazin* vermutet, wenn es noch die Drachme für Griechenland gäbe, würde (Sarrazin 2012, S. 236) *„ein griechischer Staatsbankrott die Welt nur begrenzt interessieren."*

4.3 Exkurs: Wäre Griechenland eine Firma

Ein Vergleich: Nehmen wir an, die EU wäre ein Konzern, beispielsweise eine Aktiengesellschaft, und die Staaten in der EU wären Tochtergesellschaften. Und nehmen wir weiter an, dass eine kleine Gesellschaft, die nur 2 % zum Gesamtumsatz des Konzerns beiträgt, wäre in Schwierigkeiten, wie es Griechenland ist: Überschuldung, fehlende finanzielle Mittel, überwiegend korrupte unfähige Führung, keine marktfähigen Produkte, niedrige Produktivität der Mitarbeiter, hohe Fehlzeiten und fehlende Perspektiven, dass sich das absehbar ändert.

Jeder verantwortliche Konzernvorstand würde dieser Gesellschaft die Zuschüsse aus der Konzernzentrale sofort streichen und die Gesellschaft liquidieren bzw. für sie einen Antrag auf Insolvenzeröffnung stellen. Vorher würde er möglicherwies als letzten Rettungsversuch die unfähigen Manager feuern und einen harten Sanierer in die Tochtergesellschaft schicken.

Nun kann man das, was ein Vorstand einer Aktiengesellschaft tun würde, mit autonomen souveränen Staaten nicht machen. Auch wenn die negativen Fakten offensichtlich und unbestreitbar auf dem Tisch liegen, lassen sich Politiker möglichst nichts von ihrer Entscheidungsbefugnis nehmen.

4.4 Defizitabbau á la Warren Buffett

Sarrazin hätte eine einfache Lösung, um ökonomisch laxe Politiker auf Trab zu bringen. Er zitiert dazu den US-amerikanische Großinvestor und Milliardär *Warren Buffett (*1930)*. Der meint (Sarrazin 2012, S. 295): *„Man bräuchte nur ein Gesetz, dass, sobald das Defizit drei Prozent des Bruttosozialproduktes übersteigt, sämtliche Parlamentsmitglieder von der Wiederwahl ausgeschlossen werden."*

Dass so ein Gesetz jemals kommen könnte, wäre aber reines Wunschdenken. Parlamentarier montieren sich sicherlich nicht Raketentreibsätze unter ihre bequem gepolsterten Stühle, durch die sie dann mit automatisch ausgelöster Zündung aus dem Parlament geschossen würden.

Bildquelle www.celebritymage.infolwp-content/uploads/2012/03/Warren-Buffett-Photo.jpg

Warren Buffett (*1930)
US-amerikanischer Großinvestor

Wer Defizite macht, wird von der
Wiederwahl ausgeschlossen.

GESETZ

POLITIKER

Quelle FAZ 30.10.2011, S. 23

Abb. 6: Defizitabbau nach Warren Buffett
Der US-amerikanische Großinvestor und Milliardär schlägt vor, die Wiederwahl
von Politikern gesetzlich zu verbieten, die für das Überschreiben von Defizit-
grenzen verantwortlich sind.

Die Forderung *Sarrazins* klingt deshalb etwas be-
scheidener. Er weiß aus seiner umfangreichen politischen
Laufbahn, dass Kommunen, Länder und Staaten sich
das Recht herausnehmen, Schulden zu machen. Doch er
meint (Sarrazin 2012, S. 193): *„Das Recht eines Staates,
Schulden zu machen, muss untrennbar verbunden sein mit
der unbedingten Pflicht, für diese auch aufzukommen. Nur
wenn Politiker und die Bürger, die sie wählen, das genau
wissen und auch … tief verinnerlicht haben, kann … die
Tendenz, auf Kosten anderer zu leben verhindert werden.“*
Dies scheint eigentlich einleuchtend und selbstverständlich – ist es aber leider nicht.

Selbst in Deutschland zeigt der sogenannte Länderfi-
nanzausgleich, dass das Geld einiger weniger Geberländer

(2012: Bayern, Baden-Württemberg, Hessen, Hamburg) in einigen Fällen wenig Anreize für Nehmerländer bietet, die Verschuldungssituation zu ändern. Berlin ist das krasseste Beispiel. Von den 7,3 Milliarden Euro (2011) verschluckt allein Berlin den größten Brocken, nämlich 3 Milliarden und macht dennoch jährlich erhebliche Schulden (F.A.Z. 18.07.2012, S. 11).

5 Das Europäische System der Zentralbanken

5.1 Struktur von ESZB und EZB

Damit kommen wir zur Rolle des *ESZB*, des Europäischen Systems der Zentralbanken. Organisatorisch ist aus ihm der Euro entstanden. Wir benötigen ein gewisses Grundverständnis der Zusammenhänge für die weiteren Ausführungen.

Das *ESZB* wurde offiziell am 1. Juni 1988 gegründet. Es umfasst die *EZB*, die Europäische Zentralbank und alle Zentralbanken der EU-Mitgliedsstaaten. Nicht alle Mitgliedsstaaten haben den Euro eingeführt. Von den aktuell (2012) 27 EU-Staaten sind es 17, die zum Eurosystem gehören, die sogenannten Euroländer. England und Schweden gehören beispielsweise nicht zum Eurosystem. Ein Gremium aus dem Direktorium der *EZB* und den Präsidenten der nationalen Notenbanken bildet den *EZB*-Rat. Er legt die Richtlinien der Geldpolitik fest, die dann von der *EZB* ausgeführt werden.

Was sind die Ziele dieser Institution. Auf der deutschsprachigen Homepage der *EZB* kann man nachlesen (www.ecb.int, 10.06.2012): *„Das vorrangige Ziel ist es, die Preisstabilität zu gewährleisten."* Dann heißt es weiter: *„Soweit dies ohne Beeinträchtigung des Zieles der Preisstabilität möglich ist, unterstützt das ESZB die allgemeine Wirtschaftspolitik in der Gemeinschaft, um zur Verwirklichung der festgelegten Ziele der Gemeinschaft beizutragen. Die Ziele der Union sind ein hohes*

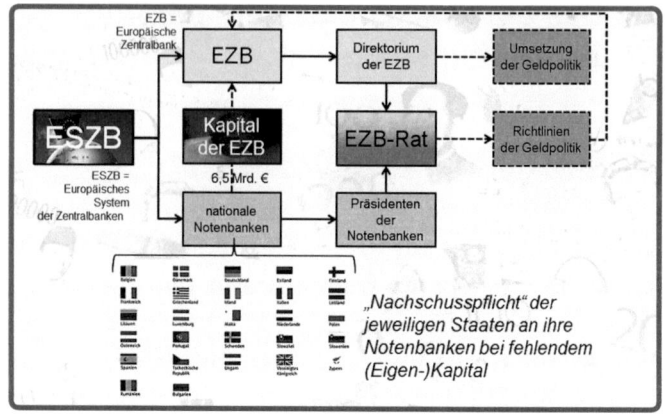

Abb. 7: Struktur des EZSB Europäisches System der Zentralbanken
Das System der Europäischen Zentralbanken hat Aufgaben von den nationalen Zentralbanken übernommen. Die Ausgabe von Euro-Banknoten und –Münzen ist beispielsweise nicht mehr in der Verantwortung eines einzelnen Staates, sondern der EZB, der Europäischen Zentralbank

Beschäftigungsniveau und ein beständiges, nichtinflationäres Wachstum."

Soweit die Theorie. Die *EZB* hat in den letzten Jahren beispielsweise griechische Staatsanleihen gekauft und damit Staatsschulden finanziert. Dies gehört eigentlich nicht zu deren Aufgaben und für einige Wirtschaftswissenschaftler und Völkerrechtler ist dies ein Missbrauch der *EZB*-Funktion. Der seit 01.11.2011 amtierende Präsident der *EZB, Mario Draghi (*1947)* rudert hier zumindest verbal zurück, indem er sagt (WELT AM SONNTAG 22.07.2012, S. 32): *„Ich glaube nicht, dass etwas damit gewonnen wäre, wenn man die Glaubwürdigkeit einer Institution zerstört, indem man sie auffordert, sich außerhalb der Grenzen ihres Mandates zu bewegen.*"

Zu den Aufgaben der *EZB* gehört auch die Ausgabe von Banknoten. Vor Gründung der *EZB* hatten die nationalen Notenbanken der Staaten die Hoheit über ihre Geldpolitik. Sie konnten die umlaufende Geldmenge vergrößern, indem sie einfach mehr Geld druckten, oder reduzieren, indem sie die sogenannten Leitzinsen erhöhten und damit Kredite verteuerten und dadurch die Geldnachfrage drosselten. Diese Aufgaben haben die Notenbanken der Länder, die den Euro eingeführt haben, an die *EZB* abgetreten. Die Folge daraus ist, dass sowohl wirtschaftlich schwache Länder als auch starke einer einheitlichen Geldpolitik folgen müssen.

Das gezeichnete Eigenkapital der *EZB*, der Europäischen Zentralbank, wird von den jeweiligen nationalen Zentralbanken aufgebracht. Es beträgt 10,76 Milliarden Euro. Der Anteil der Deutschen Bundesbank liegt nach dem Kapitalschlüssel bei 18,9 Prozent, Frankreich 14,2 Prozent, Italien 12,5 Prozent. Diese drei finanzieren also zusammen fast die Hälfte des *EZB*-Kapitals. Die Nationalbanken wiederum erhalten Ihr Kapital vom jeweiligen Staat.

5.2 Exkurs: Schuldenreduzierung durch Inflation

Für die schwächeren Länder ist es nachteilig, dass sie die Hoheit über ihre Geldpolitik abgetreten haben. Wie kommt das? Dazu ein kleines Beispiel: Nehmen wir an, Griechenland hätte eine Staatsanleihe von 100 Millionen Drachmen aufgelegt, in eigener nationaler Währung also. Banken, Lebensversicherungen oder andere Groß-investoren hätten diese Anleihen gezeichnet. Diese 100 Millionen Drachmen wären der Nominalwert der Anleihe. Nehmen wir weiter an, die Inflationsrate pro Jahr, also die Geldentwertung würde in Griechenland 8 % betragen.

Durch diese Inflationsrate wäre die Kaufkraft dieser 100 Millionen im Jahr darauf um 8 % geringer, also nur noch real 92 Millionen Drachmen. Nach zehn Jahren hätte die Kaufkraft auf 47 % des ursprünglichen Wertes abgenommen. Der Inflationsgewinn für Griechenland wäre damit 53 % des ursprünglichen Schuldenbetrages oder 53 Millionen Drachmen. Selbst wenn man mit einrechnen würde, dass Griechenland beispielsweise 3 % Zinsen zahlen müsste, hätte sich der Wert der Drachmen-Anleihe unter Berücksichtigung dieser Zinszahlungen immer noch real um 37 % vermindert.

Ein Staat mit eigener Währungshoheit und der Möglichkeit, Anleihen in eigener Währung herauszugeben, kann also praktisch nicht zahlungsunfähig werden. Er braucht nur mehr Geld zu drucken und damit eine höhere Inflationsrate akzeptieren. Damit kann er also teilweise seine Schulden loswerden. Staatschulden werden entwertet durch Kaufkraftverlust. Die Investoren haben zwar nicht das Risiko des Schuldnerausfalls aber der Geldentwertung. Für Staaten innerhalb des Euroraumes besteht diese Möglichkeit nicht mehr.

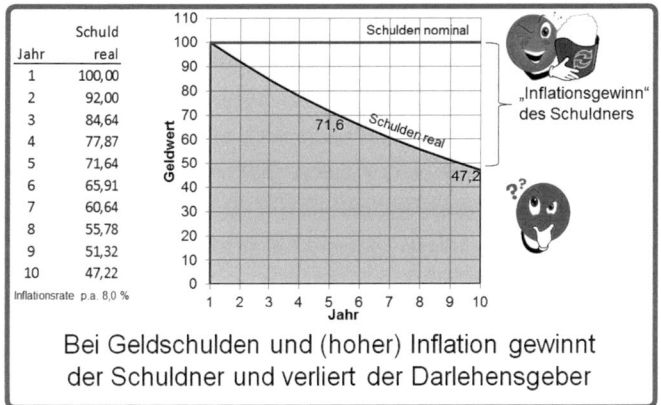

Schuld	
Jahr	real
1	100,00
2	92,00
3	84,64
4	77,87
5	71,64
6	65,91
7	60,64
8	55,78
9	51,32
10	47,22

Inflationsrate p.a. 8,0 %

Schulden nominal

„Inflationsgewinn" des Schuldners

71,6 Schulden real

47,2

Bei Geldschulden und (hoher) Inflation gewinnt der Schuldner und verliert der Darlehensgeber

Abb. 8: Staatliche Entschuldung durch Inflation
Durch Inflation sinkt die Kaufkraft einer Währung. Ein Staat kann sich dadurch nach und nach entschulden, indem er eine höhere Inflation akzeptiert oder/ und den Umtauschwert seiner Währung zu anderen Währungen verschlechtert. Mitglieder der Euro-Zone haben diese Möglichkeit nicht mehr.

5.3 Nachbarschaft und No-Bail-Out

Die finanziellen Risiken beispielsweise für Deutschland wären relativ klein geblieben, wenn das sogenannte No-Bail-Out Prinzip strikt eingehalten worden wäre. Es bedeutet, dass ein Staat nicht für die Schulden eines anderen haften sollte. Das englische Wort „bail" steht für Kaution, Sicherheitsleistung oder Bürgschaft. Und die Redewendung „to bail out" meint, dass man für jemanden bürgt, ihm aus der Klemme hilft.

An einem Beispiel aus dem Privatbereich wird die Verletzung des Bail-Out-Prinzips deutlich: Nehmen wir einmal an, Sie und eine andere Familie würden nebeneinander je eine Hälfte eines Doppelhauses bauen.

Sie selbst können Ihr Haus ordentlich finanzieren und Sie wären auch in der Lage, Zins und Tilgung für Ihr Darlehen aufzubringen. Natürlich müssten Sie dafür in Ihrem Beruf hart arbeiten und auf manchen Konsum verzichten: keine teuren Weltreisen, kein neues Auto, keine Kleidung aus teuren Boutiquen etc. Aber dafür hätten sie nach fünfzehn Jahren ein schuldenfreies Haus.

Ihr Doppelhaus-Nachbar nimmt ebenfalls ein Darlehen auf. Er leistet sich dennoch all den Luxus, auf den Sie verzichten müssen. Sie beneiden ihn etwas und meinen, Ihr Nachbar verdiene vielleicht mehr als Sie oder wisse eben zu leben. Doch anstelle, dass der Nachbar Zins und Tilgung für sein Darlehen zahlt, gibt er das Geld für Konsumgüter aus. Den Darlehensvertrag mit der Bank hat er nicht sonderlich ernst genommen.

Dann aber steht Ihr Nachbar eines Tages vor Ihrer Tür. Er erklärt Ihnen, dass er Zins und Tilgung für das Haus nicht bezahlen könne und meint, dass Sie das für ihn übernehmen sollten. Die Bank würde sonst sein Haus versteigern lassen und er wäre bankrott. Schließlich hätten sie beide die Darlehen in Euro aufgenommen. Und außerdem würden sie im gleichen Ort wohnen und sogar Nachbarn sein. Und wenn Sie nicht für ihn das Darlehen zurückzahlen, würde er auf Sie stinksauer sein, Ihr fehlendes Entgegenkommen überall herumerzählen und Sie als geizig und egoistisch diffamieren.

Wahrscheinlich würden Sie am Verstand des Nachbarn zweifeln. Und wenn er es tatsächlich ernst gemeint hätte, würden Sie das als eine ungeheuerliche Unverschämtheit empfinden. Jeder normal denkende Mensch würde Ihnen zustimmen und Sie in Ihrer Haltung bestätigen, die Schulden des Nachbarn nicht zu begleichen. Sie hätten, wenn Sie dem Nachbarn in solch einer Situation nicht helfen, die No-Bail-Out-Regel angewandt: keine Haftung für die Schulden anderer. Vielleicht würden Sie ihn aus Mitleid ab und zu zum Essen zu sich einladen. Aber Ihr Geldbeutel bliebe zu.

Im Europaraum ist besonders Griechenland aktuell in der Rolle des unsolide wirtschaftenden Nachbarn und hauptsächlich Deutschland in der Rolle desjenigen, der dem Nachbarn aus seiner selbstverschuldeten Patsche helfen soll. Das No-Bail-Out-Prinzip war eine wesentliche Regelung bei der Gründung der EWU, der Europäischen Währungsunion. In Art. 125 der EU-Verträge (AEUV) ist festgelegt, dass kein EU-Land für die Schulden von anderen EU-Ländern haftet. Im Originaltext: *„Ein Mitgliedstaat haftet nicht für die Verbindlichkeiten der Zentralregierungen, der regionalen oder lokalen Gebietskörperschaften oder anderen öffentlich-rechtlichen Körperschaften, sonstiger Einrichtungen des öffentlichen Rechts oder öffentlicher Unternehmen eines anderen Mitgliedstaats und tritt nicht für derartige Verbindlichkeiten ein.“*

Mit den diversen direkten und indirekten Finanzhilfen für Griechenland und andere Staaten wurde dieses Prinzip verletzt. *Sarrazin* meint daher etwas frustriert (Sarrazin 2012, S. 96): *„No Bail-Out heißt: Man wirtschaftet mit getrennten Kassen, und jeder trägt … die Folgen seiner (Miss-)Wirtschaft. Auch viele Politiker der Euroländer schienen dieses Prinzip nicht verstanden zu haben oder nahmen es nicht ernst.“*

6   Sarrazins Euro-Geographie

6.1   Hier Nordländer dort Südländer

D ie Wirtschaftsgeographie *Sarrazins* ist relativ übersichtlich. Er unterteilt den Euroraum in Nord- und Südländer. Zu den Nordländern zählt er beispielsweise Deutschland, Österreich, Finnland, Estland und Luxemburg. Als Südländer nennt er besonders Griechenland, Spanien, Portugal und Italien. Doch er zählt an manchen Stellen auch schon Frankreich mit dazu.

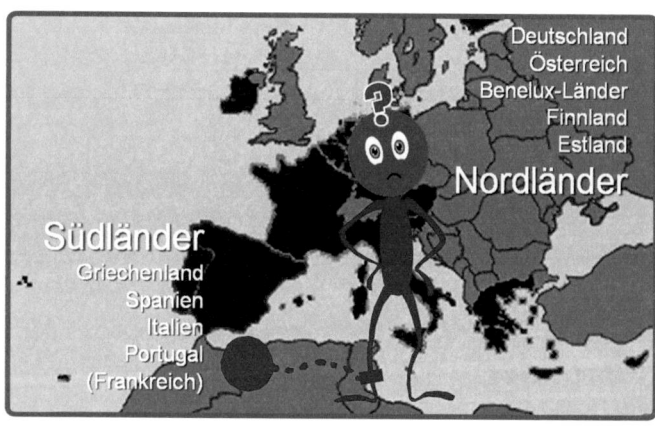

Abb: 9: Sarrazins Euro-Geographie
Nordländer des Euro-Raumes finanzieren die Schulden der Südländer. Nach Sarrazin ist die finanzielle Solidität umso besser, je sonnenärmer die Länder und je länger und dunkler die Winter sind. Südländer vertragen das „Effizienzdenken" der Nordländer nicht.

Wirtschaftlicher Erfolg hängt für *Sarrazin* nicht nur von den objektiven volkswirtschaftlichen Produktionsfaktoren ab wie: Arbeit, Kapital, Boden, Wissen und Energie. Es ist auch eine Frage der Mentalitäten. Etwas ironisch stellt *Sarrazin* fest (Sarrazin 2012, S. 293): *„Im Durchschnitt kann man sagen, dass finanzielle Solidität in Europa traditionell umso ausgeprägter war und ist, je sonnenärmer das Klima ist und je länger und dunkler der Winter. Diese historische Konstellation dauert grundsätzlich an."* Und weiter meint er (Sarrazin 2012, S. 388): *"Die Mentalität des Südens, die so angenehm berührt, wenn man dort im Sommer Ferien macht, verträgt sich nicht immer mit dem linearen Effizienzdenken des Nordens."*

Am Beispiel Italiens zeigt *Sarrazin*, dass dies selbst innerhalb eines Staates gilt. Er meint über Italien (Sarrazin 2012, S. 297): *„Korruptionsgrad und Bürokratismus nehmen von Norden nach Süden deutlich zu, der Gewerbefleiß dagegen nimmt ab."* Und weiter meine er noch (Sarrazin 2012, S. 335): *„Für Italien zeigt die jahrzehntelange Erfahrung, dass vorausplanendes Nachdenken und rationale Argumentation nicht die wesentlichen Triebfedern dieser Gesellschaft und des gesamten politischen Systems sind, auch lassen sich nur wenige Entscheidungsträger dort von einem … Pflichtgefühl … leiten."*

6.2 Exkurs: Stereotypen in Europa

Eine aufschlussreiche Untersuchung (www.welt.de, 09.06.2012) ging der Frage nach, welche Länder die fleißigsten Einwohner haben und welche als korrupt gelten. Solche Umfragen spiegeln sicherlich nicht immer die Wirklichkeit. Sie sind mehr eine Meinung über die

Wirklichkeit. Doch heutzutage wissen die Ökonomen, dass auch Meinungen zu Fakten werden können und das Wirtschaftsgeschehen beeinflussen. Aktienkurse werden als Beispiel dafür genannt.

Nach dieser Umfrage betrachten alle befragten Länder Deutschland als das Land mit den fleißigsten Arbeitern und der geringsten Korruption. Italien wird als das korrupteste Land angesehen, Griechenland als das Land mit den am wenigsten fleißigen Arbeitern. Die Griechen selbst sehen das anders. Sie halten sich für am fleißigsten – aber für korrupt.

6.3 Negativbeispiel Griechenland

Sarrazin betrachtet Griechenland als den (Sarrazin 2012, S. 340) *„mit Abstand hoffnungslosesten Fall unter den Euroländern"*. Dies ist allerdings keine umwerfend neue Erkenntnis. Blicke in Tages- und Wirtschaftspresse oder Internet bestätigen dies. In den Bemühungen, Griechenland zu helfen, sieht *Sarrazin* allerdings eine verdeckte Strategie der Südländer.

Er vergleicht Griechenland mit dem Vorwerk einer barocken Festungsanlage. Ein Vorwerk ist eine Verteidigungsanlage die der eigentlichen Burg vorgelagert war. Es war geeignet, kleinere Angriffe abzuwehren und diente bei größeren Angriffen als Frühwarnsystem für die Burgbesatzung. *Sarrazins* schreibt (Sarrazin 2012, S. 340): *„Solange Deutschland und die übrigen Nordländer das Vorwerk Griechenland verteidigen und dafür zahlen, so lange stehen alle Südländer unter dem sicheren Schirm* *der Zahlungsbereitschaft des Nordens, denn so schlimm die Verhältnisse bei ihnen auch sein mögen, in Griechenland sind sie allemal schlimmer."*

Ein Vorwurf aus den Südländern lautet dagegen, dass man in Deutschland zu sehr die Lohnsteigerungen gebremst habe. Dadurch seien Kosten- und damit Wettbewerbsvorteile entstanden. Außerdem würden die Nordländer im Vergleich zu den Südländern zu wenig konsumieren und lieber sparen. Hinzu käme auch noch, dass die Südländer durch den Kauf von Waren aus den Nordländern ja dort für eine erhöhte Beschäftigung gesorgt hätten. Es wäre daher nicht mehr als recht und billig, ja eine moralische Pflicht, dass die Nordländer jetzt mit Geld(geschenken) den Südländern helfen.

Sarrazin meint dazu (Sarrazin 2012, S. 291): *„Fraglos stellen der wachsende Wettbewerbsvorsprung und die zunehmenden Kostenvorteile der Nordländer ein Problem für die Südländer der Eurozone dar. Der Kern des Problems liegt aber nicht in einem Übermaß an Lohnzurückhaltung und unzureichender Ausgabefreundlichkeit der Nordländern, sondern in der höheren Produktivität, Innovationsfreude und dem … höheren Arbeitseinsatz".*

Mit immer mehr Geld, beispielsweise für Griechenland, würde es dann (Sarrazin 2012, S. 348) *„für den Euroraum das werden, was der Mezzogiorno [also Süditalien] seit 150 Jahren für Italien ist: ein ewiges Zuschussgebiet ohne Perspektive und ohne innere Kraft zur eigenen Regeneration".* Es sei der falsche Weg (Sarrazin 2012, S. 347) *„Griechenland von außen zu infantilisieren [also wie ein unmündiges Kind zu behandeln], wie dies seit zwei Jahren geschieht. Richtig wäre es damit aufzuhören, weiteres Geld* *nach Griechenland zu schicken, und es den Griechen selbst zu überlassen, ihren Weg zu finden"*, und (Sarrazin 2012, S. 121) *"Für Griechenland wäre eine eigene Währung mit etwas höherem Inflationspfad wahrscheinlich günstiger gewesen, für sein nationales Selbstbewusstsein auch."* Sarrazin setzt noch ein weiteres Argument bezüglich Griechenland obendrauf (Sarrazin 2012, S. 345): *"Wenn alle Griechen steuerehrlich wären, dann gäbe es kein Staatsdefizit. 75 % aller qualifizierten Selbständigen wie Ärzte, Notare und Ingenieure deklarieren ein Einkommen unterhalb des steuerlichen Existenzminimums. (…) Das Problem ist der Egoismus und die Korruption praktisch der gesamten politischen Klasse und der Missbrauch der Staatsverwaltung als Stätten der Selbstbedienung und Bereicherung."*

9.6.12/S. 12

Kurze Meldungen FAZ

„Lagarde hat Recht"
Griechenlands oberster Steuerfahnder hält die umstrittene Kritik von IWF-Chefin Christine Lagarde an der Steuermoral seiner Landsleute für berechtigt. „Ich stimme Frau Lagarde vollkommen zu", sagte Nikos Lekkas der Zeitung „Die Welt". Die Steuerflucht in Griechenland erreiche 12 bis 15 Prozent des Bruttosozialprodukts und damit etwa 40 bis 45 Milliarden Euro pro Jahr. „Wenn wir davon auch nur die Hälfte eintreiben könnten, wäre Griechenlands Problem gelöst", erklärte Lekkas, der seit 2010 die Steuerfahndungsbehörde SDOE leitet.   dapd

Nikos Lekkas
Leiter der griechischen Steuerfahndungsbehörde

Abb. 10: Ohnmacht der griechischen Steuerfahndung
Nikos Lekkas, Leiter der Behörde, bestätigt, dass bis 45 Milliarden Euro an Steuern nicht eingetrieben werden können. Einige finanzielle Probleme wären mit diesen Beträgen nicht mehr da oder geringer.

Der Leiter der griechischen Steuerfahndungsbehörde, *Nikos Lekkas*, bestätigt (F.A.Z. 09.06.2012, S. 12), dass allein die fälligen aber nicht eingetriebenen Steuern 40 bis 45 Milliarden Euro betragen würden. Nach einer Schätzung von Ökonomen aus dem Jahr 2011 macht zudem die Schwarzarbeit in Griechenland etwa ein Viertel des offiziellen BIP, Bruttoinlandsprodukts, aus. Umsätze aus dieser Schattenwirtschaft werden nicht besteuert, die möglichen Einnahmen daraus also dem Staat entzogen.

Aber, so könnte man einwenden, wenn die Bürger eines Landes kein Vertrauen in die ökonomische Kompetenz ihrer Regierung haben und Politiker als korrupt und unfähig wahrnehmen, warum sollten sie dieses System noch durch Steuerehrlichkeit unterstützen? Vielleicht etwas ironisch-zynisch meint *Sarrazin*, dass die Politiker nicht alleine Schuld an diesem Desaster wären, es sei die ganze Gesellschaft gewesen. Seine prägnante Aussage dazu lautet (Sarrazin 2012, S. 180): *„Auf die Dauer wählt jedes Volk jene Politiker, deren Mentalität es versteht und von denen es sich am ehesten repräsentiert fühlt."*

Die gesamten Analysen *Sarrazins* zu den sogenannten Südländern und den Wirkungen des Euro-Rettungsschirms klingen wenig hoffnungsfroh. Zumal er seine, wie er es nennt, *anthropologische Grundkonstante des Finanzwesens* wie folgt beschreibt (Sarrazin 2012, S. 294): *„Der Umgang mit eigenem Geld ist stets sorgfältiger und wirtschaftlicher als der Umgang mit fremden Geld."* Eigene praktische Lebenserfahrung, Verschwendung von Steuergeldern auch in Deutschland durch Politiker aber auch der Erfolg von Familienunternehmen bestätigen diese eigentlich simple Erkenntnis. Es scheint aus

Sarrazins Sicht also wenig Hoffnung vorhanden zu sein, dass die hunderte von Milliarden Euro an Griechenland und weitere Kandidaten wie Spanien und auch Italien den erhofften Erfolg bringen. Und sehr zweifelhaft sei es ebenfalls, dass die Beträge jemals zurückbezahlt werden könnten.

7 Bazooka und Dicke Bertha

Wo kommen denn die hunderte von Milliarden Euro her, die für die „Rettung" gefährdeter Euro-Staaten und Euro-Banken benötigt worden sind und noch erforderlich werden? Wir müssen uns dafür mit zwei weiteren Institutionen beschäftigen, mit dem Zungenbrecher Europäische Finanzstabilisierungsfaszilität, *EFSF*, und dem Europäischen Stabilisierungsmechanismus, abgekürzt *ESM*.

Die Tatsache, dass die Finanzhilfen mit Waffen verglichen werden, lässt vermuten, dass einige Politiker meinen, der Wirtschaftskrieg sei in vollem Gange. Man spricht von *Dicker Bertha,* einem in Deutschland gebauten großkalibrigen Geschütz, das zum ersten Mal im 1. Weltkrieg eingesetzt wurde; oder von *Bazooka,* eine raketengetriebene Waffe, mit der dicke Panzerungen durchschlagen werden können, die von den USA im 2. Weltkrieg erstmals eingesetzt worden ist. Durch eine Sonderaktion stellte die *EZB* den europäischen Banken insgesamt 1.019 Milliarden Euro für drei Jahre an Liquidität zu geringen Zinsen zur Verfügung (21.12.2011: 489 Mrd. Euro, 29.02.2012: 520 Mrd. Euro)

7.1 Von der Europäischen Zentralbank zu EFSF

Wir haben gesehen, dass die *EZB*, die Europäische Zentralbank, als wichtigstes Ziel hat „… *die Preisstabilität zu gewährleisten".* Daneben soll sie die Wirtschaftspolitik der Gemeinschaft unterstützen, damit geringe

Arbeitslosigkeit und beständiges Wirtschaftswachstum möglich werden. Die *EZB* darf aber Staaten nicht direkt finanziell unterstützen. Sie hat dies, wie schon erwähnt wurde, dennoch getan, indem sie Staatsanleihen gefährdeter Euro-Staaten gekauft hat.

Nun hat sich herausgestellt, dass einige Länder im Euroraum erhebliche finanzielle Probleme bekommen haben. In Irland beispielsweise ist im Jahr 2007 der Immobilienboom zusammengebrochen. Darlehen konnten von den Bauherren nicht mehr zurückgezahlt werden. Die Banken mussten dadurch Existenz gefährdende Verluste hinnehmen. Der Staat war gezwungen, die Banken zu retten. Dadurch hat er sich erheblich verschuldet. Ähnliches ist in Spanien passiert. Griechenland dagegen hat sich durch betrügerische Manipulationen in den Euroraum geschlichen und über viele Jahre über seine Verhältnisse gelebt. Selbst wenn man alle Schulden in Griechenland striche, würden die Ausgaben die Einnahmen immer noch übersteigen.

Die Regierungschefs der Euroländer waren der Meinung, dass man gefährdeten Ländern helfen müsse. Mit der *EZB* war das dauerhaft und nach deren Mandat nicht zu machen, schon wegen des geringen Kapitals damals (2010) von „nur" 5,76 Milliarden Euro. Es musste eine rasche Lösung gefunden werden außerhalb der bisherigen Möglichkeiten. Man gründete im Juni 2010 die Institution *EFSF, European Financial Stability Facility* oder auf Beamtendeutsch: *Europäische Finanzstabilisierungsfazilität*. Fazilität bedeutet in der Wirtschaftssprache einfach nur „Kreditmöglichkeit". *EFSF* heißt damit nichts anderes als eine Möglichkeit, in finanzielle Not

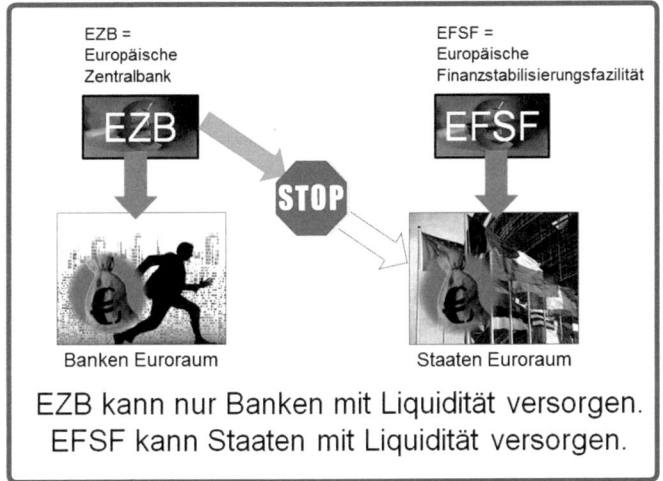

EZB =
Europäische
Zentralbank

EFSF =
Europäische
Finanzstabilisierungsfazilität

EZB

EFSF

STOP

Banken Euroraum

Staaten Euroraum

EZB kann nur Banken mit Liquidität versorgen.
EFSF kann Staaten mit Liquidität versorgen.

Abb. 11: EFSF als Werkzeug zur Finanzierung von Euro-Staaten
Der EZB ist direkte Staatenhilfe eigentlich verboten. Da einige Euro-Staaten
Geld brauchten, wurde dafür als kurzfristige und nicht dauerhafte Lösung
EFSF gegründet. Damit konnten Euro-Staaten wie Griechenland mit Liquidität
versorgt werden.

geratene Euro-Staaten mit Krediten zu helfen. *EFSF* ist
eine Zweckgesellschaft, bei der die Eurostaaten direkt
die Eigentümer sind. Dieses Konstrukt steht rechtlich
außerhalb der EU, der *Europäischen Union*.

Griechenland hat beispielsweise erhebliche Beträge
vom *EFSF* erhalten. Diese Darlehen sind zwar mit strengen Auflagen verbunden. Doch wie es aussieht, wird die
griechische Regierung die nicht erfüllen können oder
wollen. Und es ist vorherzusehen, dass sie nachträglich
eine Veränderung der Bedingungen erreichen kann –
trotz gegenteiliger Beteuerungen von (deutschen) Politikern.

7.2 Von EFSF zum Europäischen Stabilitätsmechanismus

Der *EFSF* war als eine nur vorübergehende Einrichtung für einige Jahre gedacht. Man nahm an, dass mit den vorgesehenen Hilfen die Eurokrise bewältigt werden könne. Dies hat sich nicht bestätigt. Es musste über eine dauerhaftere Lösung nachgedacht werden. Ergebnis dieses Nachdenkens war der *ESM*, der Europäische Stabilitätsmechanismus. Am 17.12.2010 kam der Europäische Rat zur Erkenntnis, es bestehe „... *Einvernehmen darüber, dass die Mitgliedsstaaten einen ständigen Stabilisierungsmechanismus einrichten müssen*". Und am 25.03.2011 wurde Artikel 136 des EU-Vertrages mit der Ergänzung versehen: „*Die Mitgliedsstaaten, deren Währung der Euro ist, können einen Stabilitätsmechanismus einrichten...*". Als Ziel wurde im *ESM*-Vertrag formuliert: „*Der ESM wird ... einem Mitglied Stabilitätshilfe gewähren, wenn dessen regulärer Zugang zur Finanzierung über den Markt beeinträchtigt ist oder eine solche Beeinträchtigung droht ...*"

Der *ESM*, der Europäische Stabilitätsmechanismus ist eine rechtlich selbständige Gesellschaft wie beispielsweise eine GmbH. Er hat, wie die Juristen sagen, eine eigene Rechtspersönlichkeit (Artikel 32, Abs. 2). Eigentümer dieser Gesellschaft sind die Staaten, die den Euro als Währung eingeführt haben, die sogenannten Euroländer. Wie eine GmbH braucht der *ESM* ein Eigenkapital, das sogenannte Stammkapital. Das genehmigte Stammkapital beträgt 700 Milliarden Euro, davon müssen 80

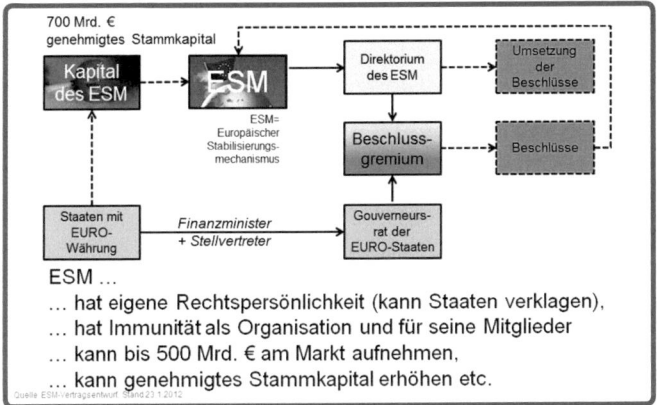

Abb. 12: Struktur des ESM Europäischer Stabilitätsmechanismus
Der ESM hat eine eigene Rechtspersönlichkeit, kann daher vor Gericht klagen. Wegen seiner Immunität können er und seine Mitglieder aber nicht verklagt werden. Auch Unterlagen des ESM sind gegen externe Einsicht tabu. Die fehlende Rechtfertigungspflicht gegenüber den Eignern (Staaten) und deren Bürger wird kritisiert.

Milliarden von den Euroländern bar einbezahlt werden (Artikel 8, Abs. 1 und 2). Die restlichen 620 Milliarden werden vorerst nicht einbezahlt. Solange dies nicht erforderlich ist, sind die so etwas wie eine Bürgschaft, die bei Bedarf eingefordert werden kann. Das höchste Beschlussgremium besteht aus dem sogenannten Direktorium des *ESM*, das für das Tagesgeschäft verantwortlich ist, und dem Gouverneursrat. Mitglieder dieses Gouverneursrates sind die Finanzminister der Euroländer.

Das eingezahlte Stammkapital darf nicht verliehen werden. Der *ESM* kann daher am Kapitalmarkt (Artikel 21, Abs. 1) bis zu 500 Milliarden Euro aufzunehmen, wenn das für die Unterstützungsmaßnahmen

erforderlich sein sollte. Weil das genehmigte Stammkapital 700 Milliarden Euro beträgt, und damit die maxi-
male Darlehensaufnahme übersteigt, sind diese maximal
500 Milliarden Euro Darlehen übersichert. Man erhofft
sich, dass der *ESM* die beste Bonitätsrate von den Ratingagenturen bekommt. Dadurch könnten sehr zinsgüns-
tige Darlehen aufgenommen werden, deren Geld man
den hilfebedürftigen Eurostaaten dann leihen kann.
Letztlich tragen die noch zahlungsfähigen Euroländer
das gesamte Ausfallrisiko. Denn Staaten, denen man im
Rahmen des *ESM* hilft, kann man logischerweise nicht
mehr zur Kasse bitten.

Entsprechend einem Verteilungsschlüssel sind die
Euroländer in verschiedener Höhe am Stammkapital
beteiligt. Deutschland hat einen Anteil von 27,1 % oder
insgesamt 190 Milliarden Euro. Davon sind bis zum Jahr
2014 in Raten 21,7 Milliarden Euro in bar einzuzahlen.
Die fünf größten Euroländer (Deutschland, Frankreich,
Italien, Spanien und Niederlande) erbringen zusammen
83 % des Stammkapitals.

7.3 Was an den Garantieinstrumenten nicht stimmt

Es gibt erhebliche Kritik an diesen Stabilisierungsme-
chanismen. Beispielsweise meint *Sarrazin*, *EFSF* und
deren Nachfolger *ESM* seien (Sarrazin 2012, S. 357)
*„Garantieinstrumente, die die weiteren Verschuldungsmög-
lichkeiten der Südländer absichern sollen. … eine gewisse
Perversion des Denkens".* Alle Instrumente für eine solide

Haushaltspolitik seien auch bei den Südländern vorhanden. Nur wäre ihre Haushaltpolitik nicht verlässlich und glaubwürdig. Er führt weiter aus (Sarrazin 2012, S. 359): *„Der ESM ist ein politisches Instrument, entweder die gemeinsame Haftung für die Schulden der Euroländer durch die Hintertür einzuführen oder den Einstig in eine Transferunion zu schaffen."* Der Eindruck scheint in der Mehrheit der deutschen Bevölkerung verbreitet, dass man damit deutsche Steuerzahler für das unseriöse Finanzgebaren anderer Staaten heranziehen will. Das Problem ist nur, dass alle im Bundestag vertretenen Parteien (CDU/CSU, FDP, SPD, GRÜNE) außer den LINKEN die Gründung des *ESM* unterstützen.

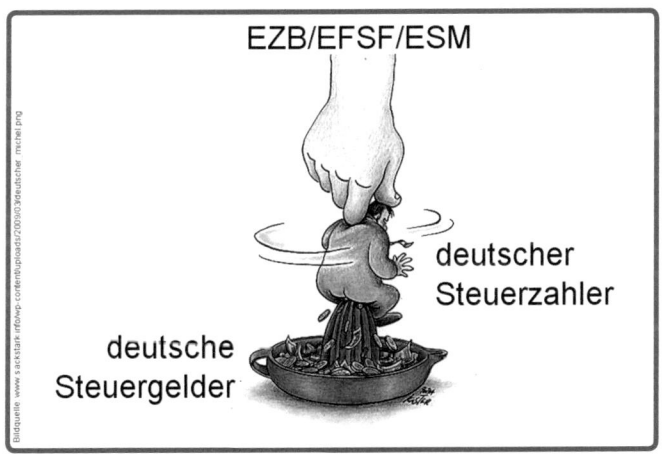

Bildquelle: www.sackstark.info/wp-content/uploads/2009/09/deutscher_michel.png

Abb. 13: Deutsche Steuerzahler zahlen für andere Euro-Staaten
Offene und verdeckte Vertragsbrüche haben dazu geführt, dass das No-Bail-out-Prinzip (keine Haftung für die Schulden anderer Staaten) umgangen wurde. Deutsche Steuerzahler fühlen sich ausgepresst.

Es gibt am *ESM*-Vertrag viele riskante Punkte, die von Fachleuten beanstandet werden. Ein paar seien hier beispielhaft genannt.

1. Wenn ein Euroland seinen Anteil am Stammkapital nicht zahlt, müssen die anderen Eurostaaten anteilig diesen Betrag übernehmen. Dies gilt nicht nur für die Zahlung der ersten 80 Milliarden Euro in bar, sondern auch für die möglichen 620 Milliarden Euro des noch ausstehenden genehmigten Stammkapitals. Der mögliche Haftungsanteil Deutschlands wäre damit nicht maximal 190 Milliarden Euro, sondern wesentlich mehr.

2. Der Gouverneursrat, bestehend aus den Finanzministern der Euroländer, kann a) jederzeit das noch nicht eingezahlte Stammkapital abrufen und b) auch das genehmigte Stammkapital über 700 Milliarden Euro hinaus erhöhen. Die Erfahrungen mit Hilfsprogrammen der Vergangenheit lassen erwarten, dass dies irgendwann auch der Fall sein wird.

3. Der *ESM* als eigene Rechtspersönlichkeit kann verklagen, kann aber wegen seiner eigenen Immunität und der seiner Mitglieder letztlich nicht verklagt werden. Zwar besteht die Möglichkeit, dass der *ESM* selbst seine Immunität aufhebt. Aber dies ist in kritischen Situationen wohl nicht zu erwarten. Auch die Unterlagen des *ESM* sind vom Zugriff durch Dritte gesichert. Selbst wenn Verdachtsmomente für Schlamperei oder gar kriminelle Handlungen vorhanden wären, könnte man rechtlich nicht erzwingen, dass die Räumlichkeiten des *ESM* durchsucht werden.

4. Für die aufgenommen Kredite am Kapitalparkt haftet der *ESM* mit seinem Stammkapital und damit haften letztlich die Eurostaaten gemeinsam. Damit kommt dieser Vorgang der Ausgabe von sogenannten Eurobonds, also Schuldverschreibungen gleich, bei denen ebenfalls die Eurostatten gemeinsam haften würden. Eurobonds wurden bisher von der Bundesregierung abgelehnt, dem *ESM* stimmt man aber zu.

5. Staaten werden bei unsoliden Staatsfinanzen normalerweise vom Kapitalmarkt dadurch bestraft, dass für Staatsanleihen höhere Zinsen bezahlt werden müssen. Damit wurde dem betreffenden Staat deutlich angezeigt, dass sein Finanz- und Wirtschaftsgebaren sehr kritisch gesehen wird. Dieser externe Druck auf die Regierungen entfällt mit dem *ESM* weitgehend. Es ist daher zu erwarten, dass auch der Druck auf die Sanierungsbemühungen der finanziell unsoliden Staaten abnehmen wird.

6. Und was gänzlich fehlt, ist eine verbindliche und völkerrechtliche durchsetzbare Insolvenzordnung für Staatsinsolvenzen. Es ist einfach nicht vorgesehen und wohl auch kaum kurzfristig durchsetzbar, dass in dem finanziell maroden Staat so etwas wie ein Insolvenzverwalter eingesetzt wird. Denn er müsste Kompetenzen erhalten, welche die staatlichen Souveränitätsrechte erheblich einschränken.

Der *ESM*-Vertrag sieht zwar vor, dass Darlehen an hilfsbedürftige Staaten unter strengen Auflagen vergeben werden sollen (Artikel 12, Abs. 1). Die bisherige Praxis beim sogenannten Euro-Rettungsschirm zeigt aber, dass es häufig nur Versprechungen gewesen sind, bis das Geld auf dem Konto des Staates eingegangen war. Danach wurden alle möglichen Gründe angeführt, weshalb man leider den Darlehensbedingungen nicht nachkommen könne. Ein besonders negatives Beispiel dafür ist Griechenland.

Sarrazin blickt sehr pessimistisch in die Zukunft. Er schreibt (Sarrazin 2012, S. 258): *„Was immer Deutschland tut, es wird in den Augen seiner Kritiker stets zu wenig sein. Diese werden erst ruhen, wenn Deutschland für alle Staatsschulden im Euroraum vollständig haftet. Hier wird erneut das … 'bewährte' Muster deutlich: Deutschland macht materielle Zusagen im Austausch gegen Versprechungen finanzieller Solidität. Das Problem ist nur, die materiellen Zusagen summieren sich auf und werden auch sämtliche eingelöst, während die als Gegenleistung gemachten Versprechungen einem schnellen moralischen Verschleiß unterliegen, ohne dass sie jemals eingelöst werden.“*

Noch provozierender formuliert es *Bryan Hayes* in einem ausführlichen Internet-Beitrag mit dem Titel *Die ESM-Bank: Das Stehlen soll zum Fundament der EU gemacht werden.* Er schreibt als Fazit seiner Analyse (www. deutschland.net, 26.03.2012): *„Die ESM-Bank ist eine katastrophale, Gesellschaftsordnung zerstörende Einrichtung, die in praktisch jeder Hinsicht gegen alle Verträge, das Grundgesetz Deutschlands, gegen alle Grundsätze guten Handelns und Wirtschaftens verstößt, eine Einrichtung, die die Budgethoheit des Bundestages aushebelt, die die Überschuldung der Kreditnehmerländer immer weiter steigern wird, die geeignet ist, Erpressung zum Tagesgeschäft in der Euro-Zone zu machen.“*

8 Motive der Euro-Retter

8.1 Die Angst der schwäbischen Hausfrau vor Laufmaschen

Ein durchaus nachvollziehbares Argument für die Rettung des Euro und der gefährdeten Euro-Staaten ist die Furcht vor Ansteckung. Man hat noch gut in Erinnerung, wie nach dem Platzen der sogenannten Immobilienblase im Frühjahr 2007 die US-Regierung drei große Banken retten musste (*Bear Sterns, Fannie Mae, Freddie Mac*). Als die Investmentbank *Lehman Brothers* im Jahr darauf ebenfalls gefährdet war, hat die US-Regierung auf deren Rettung verzichtet. Am 15.08.2008 musste *Lehman Brothers* Insolvenz anmelden. Danach fielen völlig unerwartet einige Banken in anderen Staaten wie Dominosteine oder sie wackelten zumindest sehr bedenklich. Nach *Sarrazins* Meinung arbeitet *Angela Merkel* bei der Eurohilfe wie mit der (Sarrazin 2012, S. 353) *„großen Sicherheitsnadel der schwäbischen Hausfrau, mit der diese beherzt kurz über dem Knie die weitere Ausbreitung der Laufmasche im Wollstrumpf zu verhindern versucht."*

Im Gegensatz zu Firmen können Staaten nicht einfach liquidiert und aufgelöst werden – jedenfalls nicht in Friedenszeiten. Auch wenn sie völlig überschuldet sind, eine unfähige Regierung und korrupte Verwaltung haben, unter Vortäuschung falscher Tatsachen sich Geld leihen, geliehenes Geld sowie die Zinsen darauf nicht mehr (zurück-)zahlen und die Bürger Steuerhinterziehung zu einem Volkssport machen, existiert der Staat weiterhin. Es kann beispielsweise kein Ausverkauf griechischer Inseln

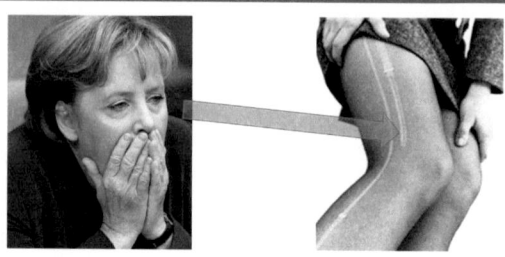

Verstöße gegen Maastricht-Vertrag als
„… Furcht vor einem Laufmascheneffekt, der
das ganze Europrojekt gefährden könnte.“

Abb. 14: Eurorettung aus Furcht vor Laufmascheneffekt
Die US-Finanzkrise seit 2007 mit dem Konkurs der Investmentbank Lehman
Brothers 2008 lässt Politiker fürchten, dass ein ähnlicher Ansteckungseffekt
im Euro-Raum entstehen könnte. Sarrazin nennt dies die Angst vor einem
„Laufmascheneffekt“.

derart stattfinden, dass Deutschland Kreta kauft oder als
Sicherungspfand übereignet bekommt und dann Kreta
zum deutschen Territorium gehört und die Bürger Kretas Deutsche werden.

Zwar meint *Sarrazin* (Sarrazin 2012, S. 191): „*In der
Währungsunion ist die Insolvenz einer staatlichen Entität
[eines Staates] grundsätzlich nichts anders einzustufen als
die Insolvenz eines großen Unternehmens.*“ Doch es gibt,
wie schon erwähnt, keinen Insolvenzverwalter für Staaten mit ausgedehnten Befugnissen, der dann über das
Vermögen des insolventen Staates verfügen kann und
die Rechte der bisherigen Eigentümer weitgehend außer
Kraft setzt. Die Staatssouveränität spricht dagegen. Dieses Selbstbestimmungsrecht kann man einem anderen

Bildquelle: www.netcartoons.de/files/eu/guipaeische-schirmherr-farbepx.jpg

„Natürlich sind die Vertreter von
Rettungsschirmen keine Dummköpfe."

Quelle S. 184

Abb. 15: Interessen der Euro-Retter
Sarrazin unterteilt die Befürworter zur Euro-Rettung in vier Gruppen: Interessenten, Naive, Opportunisten und Wohlmeinende. Die Interessenten (Banken, Lebensversicherungen, Pensionsfonds, Großinvestoren) sind mit der stärksten Lobby vertreten.

Staat nicht wegnehmen – jedenfalls nicht in Friedenszeiten. Täte man es dennoch, dann käme es einer wirtschaftlichen Kriegserklärung gleich.

Rainer Hank (*1953), Leiter der Wirtschaftsredaktion der F.A.Z, der *Frankfurter Allgemeinen Zeitung,* und der F.A.S., der *Frankfurter Allgemeinen Sonntagszeitung,* meint daher (F.A.S. 17.06.2012, S. 34): *„Die Deutschen sollen aufhören, anderen Staaten ihre Souveränität zu stehlen. Doch wer Souveränität behält, muss auch für seine Entscheidungen (seine Schulden! seine Banken!) geradestehen und darf sich nicht aus der Verantwortung stehlen. Das Prinzip Souveränität und das No-Bail-Out-Prinzip gehören zusammen."*

Warum gibt es so eifrige Befürworter des Euro-Rettungsschirms, trotz der offensichtlichen Gefahren? Es seien ja keine Dummköpfe, meint *Sarrazin* (Sarrazin 2012, S. 184). Er unterscheidet in ihren Reihen vier Typen: Interessenten, Naive, Opportunisten und Wohlmeinende. Deren Motive sind sehr verschieden, das Ziel ist gleich: den Euro und die gefährdeten Staaten des Euroraums retten. Koste es, was es wolle. Werfen wir einen Blick auf deren mögliche Motive.

8.2 Interessengruppe: Interessenten

Interessenten in Europa, Asien und USA haben wohl die stärkste Lobby. Da sind einmal die Banken selbst, die Staatsanleihen gekauft haben von Griechenland, Spanien, Portugal oder Italien. Staatsanleihen galten vor der Euro-Krise als risikolos. Man war der Ansicht, dass ein Staat innerhalb des Euroraumes immer zahlungsfähig bleiben würde. Verdrängt hat man, dass ja ein verschuldeter Staat nicht mehr selbst Geld drucken, die Inflation anheizen und damit sich auf diese Weise nach und nach zumindest teilweise entschulden kann. Diese Rechte wurden ja von den Nationalbanken an die *EZB*, die Europäische Zentralbank abgetreten.

Die großen Gläubiger, also Banken, Lebensversicherungen oder Pensionsfonds haben zwar durch einen sogenannten Schuldenschnitt bei griechischen Staatspapieren auf 53,5 % ihrer Forderungen verzichtet und damit Griechenland 107 Milliarden Euro „geschenkt", wenn auch widerwillig. Doch in deren Büchern lauern noch weitere Milliarden auf die Vernichtung. Das möchte man möglichst vermeiden. Zumindest möchten die Investoren Zeit gewinnen, um sich aus ihrem Engagement zurückzuziehen, indem sie Schrott-Staatsanleihen irgendwelchen Institution des Rettungsschirms wie *EZB, EFSF* oder *ESM* unterjubeln.

Für einen Rettungsschirm sind auch jene Staaten, die zwar aktuell noch nicht unter ihm stehen, aber bald stehen könnten. *Sarrazin* vermutet (Sarrazin 2012, S. 185): *„Das ist die große Mehrheit, nämlich alle Euroländer außer Deutschland, Österreich, den Niederlanden, Finnland und Luxemburg."* Staaten möchten natürlich auch ihre Banken retten. Denn die waren es ja, die in der Vergangenheit Staatspapiere gekauft haben und es in Zukunft auch wieder tun sollen.

8.3 Interessengruppe: Naive

Zu den Naiven, deren Zahl nach Einschätzung *Sarrazins* erschreckend groß ist (Sarrazin 2012, S. 185), gehören all diejenigen, welche das No-Bail-Prinzip nicht verstanden haben oder nicht verstehen wollen. Sie überblicken die einfachsten Konsequenzen nicht, die eine dauerhafte Subventionierung finanzieller Risikostaaten und gemeinsame Schuldenhaftung der Euroländer mit sich bringen würde oder schließen davor ihre Augen. Die Naiven können sich nicht vorstellen, dass solch eine Situation je eintreten würde. In der Bibel heißt es zwar (Matthäus 5,3): *„Selig sind, die da geistlich arm sind; denn ihrer ist das Himmelreich."* Doch die ökonomisch Naiven schreiten wohl mit verbundenen Augen auf dem Weg in die Schuldenhölle.

8.4 Interessengruppe: Opportunisten

Zu den Opportunisten zählen besonders Personen aus Medien, Politik und Wissenschaft. Sie orientieren sich an den Ansichten sogenannter Meinungsführer, den angeblichen oder echten. Nur eine Minderheit der verantwortlichen Politiker vertritt ein striktes No-Bail-Out-Prinzip, also keine Übernahme und Haftung für Schulden anderer Staaten. Opportunisten irren sich lieber in bester Gesellschaft. Das ist weniger image- und berufsschädigend. Wenn die Prognosen nicht eintreffen, kann man sich darauf berufen, dass man mit seiner Einschätzung nicht alleine gestanden habe. Dreht sich der Meinungswind, flattert auch das Fähnchen der Opportunisten in die neue Richtung.

Zu der bekannteren Minderheit der Eurokritiker, die auf die Webfehler im Eurosystem und die Gefahren einer Schuldenunion hinweisen, gehören beispielsweise Personen wie: *Wolfgang Bosbach*, CDU-Abgeordneter; *Peter Gauweiler,* CSU-Abgeordneter; *Herta Deubler-Gmelin*, frühere SPD Justizministerin; *Wilhelm Hankel*, ehem. Ökonomie-Professor; *Hans-Olaf Henkel*, ehem. Leiter IBM Deutschland und BDI-Präsident; *Renate Ohr*, Wirtschaftsprofessorin; *Frank Schäffler*, FDP-Abgeordneter; oder *Hans-Werner Sinn*, Chef des Ifo-Instituts und natürlich *Thilo Sarrazin*.

8.5 Interessengruppe: Wohlmeinende

Auch Wohlmeinende sind in den Medien, der Politik und Wissenschaft vertreten. Sie sehen zwar die Gefahren, die eine gemeinsame Schuldenhaftung mit sich bringt, ordnen sie aber anderen Kriterien unter, die sie für wichtiger halten. Sie berufen sich oft auf angeblich moralische Forderungen wie: Man muss doch den Schwachen helfen; man kann doch kein Land im Euro-Raum hängen lassen; die armen Bürger können doch nichts für eine unfähige Regierung; die Auflagen bei einer Hilfe sind zu streng und können nicht erfüllt werden; man muss die Souveränität des verschuldeten Staates achten; wir sind doch so wohlhabend, dass wir ruhig etwas abgeben können; als Deutsche stehen wir in besonderer Schuld gegenüber anderen Euro-Ländern.

Wohlmeinende gibt es keineswegs nur bei den Regierungsparteien CDU/CSU und FPD. In einem Zeitungsartikel (F.A.Z. 23.05.2012, S. 1)mit der Überschrift *Schuldenunion* meint der Autor *Holger Stelzner*: „*Seltsamerweise kann auch der Opposition [Anm. SPD, GRÜNE] in Deutschland der Marsch in die Schuldenunion nicht schnell genug gehen. Sie alle wollen die Eurokrise vom Tisch bekommen, indem sie einfach die Deutschen und zwei, drei andere Nationen die Rechnung zahlen lassen. (…) Wer die Frage stellt, warum ausgerechnet jetzt in der Eurozone Schulden vergemeinschaftet werden sollen, ohne dass man Staaten darin hindern kann, neue Schulden aufzunehmen, wird als Antieuropäer verunglimpft.*"

8.6 Bürgermeinung und Undank der Griechen

Was offensichtlich wenig zu zählen scheint, ist die Meinung der Bürger in Deutschland. Das Meinungsforschungsinstitut *Infratest* führte Anfang Juni 2012 eine repräsentative Umfrage bei tausend Wahlberechtigten durch (F.A.Z. 17.06.2012, S. 31). Das Ergebnis: 83 % der Befragten waren der Meinung, dass Griechenland die Eurozone verlassen müsse, wenn es die dafür geforderten Auflagen nicht erfüllt. Man kann daraus weiter folgern, dass dies auch für andere Staaten der Euro-Zone gelten sollte. Hilfe mit Auflagen wird nicht unbedingt voller Dankbarkeit angenommen. In einem Zeitungsartikel schreibt *Sarrazin* (F.A.Z. 17.06.2012, S. 13): *„Nun ist es aber nicht so, dass die Griechen für diese Hilfen dankbar wären. Die Mehrheit von Ihnen glaubt, dass Deutschland sich an den Griechen bereichert habe. Aus dieser verzerrten Wahrnehmung ergibt sich, dass sich die Griechen quasi als wirtschaftlich Verfolgte ansehen … "*

Es hilft auch der Bundeskanzlerin *Angela Merkel* nicht, dass sie bisher die Hilfen an die Griechen unterstützt hat und sich für den *ESM*, den Europäischen Stabilisierungsmechanismus und den *Fiskalpakt* stark macht. Sie wird dennoch in der griechischen Presse als Nazi dargestellt. Auch die italienische Presse schreckt vor Diffamierungen der Kanzlerin nicht zurück. *Roland Tichy*, Chefredakteur der *WirtschaftsWoche* schreibt am 04.02.2012: *„Da nennt 'Il Giornale' die Bundeskanzlerin 'Fettarsch', Angela Merkel kommt in [griechischen] Zeitungen als Nazi-Schlampe oder mit Hitler-Bärtchen vor.*

Abbildung 16: Dankbarkeit auf griechisch
Weil Darlehen an hilfsbedürftige Staaten besonders auf Drängen von Deutschland mit Auflagen verbunden sind, werden Deutsche und die Bundeskanzlerin in der Presse der jeweiligen Staaten diffamiert.

Werden Hilfsmilliarden nicht bedingungslos überwiesen, wird dies in Griechenland als Einmarsch der Wehrmacht diffamiert." Denn wie vorher schon erwähnt: Die Beschneidung von Souveränitätsrechten wird von den betreffenden Staaten und Bürgern als wirtschaftliche Kriegserklärung betrachtet. Und Feinde, ob echte oder eingebildete, fürchtet man, man bewundert sie vielleicht heimlich wegen ihrer Stärke – aber man liebt sie nicht. Und keinesfalls ist man ihnen dankbar.

8.7 Besondere Probleme der Deutschen

Die deutschen Politiker haben noch ein paar besondere Probleme. Zwei Weltkriege als Verlierer und die Judenverfolgung und –vernichtung unter dem Hitlerregime haben Spuren hinterlassen. Man möchte vermeiden, dass so etwas jemals wieder geschieht. Ein Deutschland in einem größeren europäischen Verbund wäre, trotz oder wegen seiner wirtschaftlichen Dominanz, ein auf Dauer gefesselter Riese.

„Helmut Kohl war der Moses des deutschen Volkes auf dem Weg zu seiner europäischen Bestimmung."

Abb. 17: Ex-Bundeskanzler Helmut Kohl als "Moses des deutschen Volkes"
Nach Sarrazin hat Kohl konsequent auf ein vereinigtes Europa hingearbeitet. Ökonomische Argumente seien für ihn nicht so wichtig gewesen. Sarrazin nennt daher Kohl „Moses des deutschen Volkes auf dem Weg zur europäischen Bestimmung".

Der erste Kanzler der Bundesrepublik Deutschland, *Konrad Adenauer*, hat die Versöhnung mit dem ehemaligen Erzfeind Frankreich eingeleitet. Und Ex-CDU-Dauerkanzler

Helmut Kohl hat diesen Weg konsequent weiter beschritten. *Sarrazin* drückt das so aus (Sarrazin 2012, S. 18): „*'Our Europe' war die Gesetzestafel mit der Aufschrift 'Europäische Währungsunion', die den Weg ins gelobte Land namens 'politische Union' wies. Und Helmut Kohl war in diesem Bild der Moses des deutschen Volkes auf dem Weg zu seiner europäischen Bestimmung.*"

Mit dieser, wie es manche nennen, „Generationenschuld" wird Deutschland von einigen seiner Partner unter Druck gesetzt. Man spielt mit dem schlechten Gewissen der Deutschen, um dann finanzielle Zugeständnisse zu erreichen. Es ist nicht nur *Sarrazin*, der darauf hinweist. Der Chefredakteur der Zeitschrift *Wirtschafts-Woche*, *Roland Tichy*, formuliert das in einen Artikel mit der Überschrift *Moralische Erpressung* so (www.wiwo.de, 04.02.2012): „*Man muss es leider so sehen: Die Verbrechen der Vergangenheit werden kühl und berechnend zum Zwecke der moralischen Erpressung instrumentalisiert.*"

Auch seine eigene Partei, die SPD, verschont *Sarrazin* nicht. Er macht ihr, sowie den Grünen und Linken den Vorwurf (Sarrazin 2012, S. 203)*: „Sie [also SPD, Grüne, Linke] sind getrieben von jenem sehr deutschen Reflex, wonach die Buße für Holocaust und Weltkrieg erst endgültig getan ist, wenn wir … auch unser Geld in europäische Hände gelegt haben".* Die Linke muss man davon ausnehmen. Als einzige Partei, vertreten durch die Bundestagsfraktion, klagte sie vor dem Bundesverfassungsgericht gegen den *ESM* und weitere Hilfsmaßnahmen. Möglicherweise bringt ihr das bei der nächsten Bundestagswahl Stimmen, obwohl ihr Parteiprogramm für die allermeisten Bundesbürger nicht akzeptabel ist.

9 Blick in die Euro-Zukunft

9.1 Das Orakel von Berlin

In der Regierungserklärung zum Europäischen Rat und zum Eurogipfel am 26.10.2011 vor dem Deutschen Bundestag fügte *Angela Merkel* als „persönliche Anmerkung" gegen Ende Ihrer Rede hinzu, dass Friede und Wohlstand in Europa nicht selbstverständlich seien. Wörtlich sagte Sie (www.bundeskanzlerin.de, 27.10.2011): *„Scheitert der Euro, dann scheitert Europa. Das darf nicht passieren. Wir haben eine historische Verpflichtung, das Einigungswerk Europas, das unsere Vorfahren nach Jahrhunderten des Hasses und des Blutvergießens vor über 50 Jahren auf den Weg gebracht haben, mit allen uns zur Verfügung stehenden verantwortbaren Mitteln zu verteidigen und zu schützen."*

Man muss auch aus dieser Äußerung schließen, dass die Euro-Rettung und die finanzielle Hilfe für einige Staaten mit Euro-Währung aus Sicht der Politiker keinen rein ökonomischen Argumenten folgen. Man kann allerdings trefflich darüber streiten, was nun die erwähnten sogenannten „verantwortbaren Mittel" sein sollten und dürfen. *Sarrazin* meint, dass er (Sarrazin 2012, S. 373) *„nennenswerte messbare Vorteile der gemeinsamen Währung, die sich in mehr Wachstum, Wohlstand und Beschäftigung niederschlagen, für Deutschland nicht entdecken konnte. (Sarrazin 2012, S. 376) Der Versuch eines europäischen Weltreiches hat sich nach dem Untergang des Römischen Reiches als nicht mehr wiederholbar erwiesen. (Sarrazin 2012, S. 379) Europa war nie* eine staatliche Einheit, auch eine kulturelle Einheit war es nur bedingt.

Das Grundmissverständnis auf dem Weg zum Euro sei gewesen, dass die Franzosen ihn wollten (Sarrazin 2012, S. 386), *um endlich die als peinlich und erniedrigend empfundene Stärke der deutschen Währung abzuschaffen. Die Deutschen wollten ihn, weil sie glaubten, damit könne man Frankreich in die so begehrte politische Union mit Deutschland führen.*"

9.2 Sarrazins erfolgreiches Europa

Das Gegenteil von Scheitern ist Erfolg. Und Europa wäre für *Sarrazin* erfolgreich, wenn a) weiterhin Frieden herrscht, b) die Menschen aus eigener Kraft ihre Lebensverhältnisse verbessern können und c) eine stabile Demokratie in den europäischen Staaten vorhanden ist. Dafür braucht man seiner Ansicht nach keine gemeinsame Währung, die nur am Leben bleibt, wenn wenige solide wirtschaftende Staaten (also die „Nordländer") für die unsoliden (also die „Südländer") dauerhaft aufkommen müssten. Die bisherige Politik mache, so *Sarrazin,* Deutschland zur Geisel all jener, die künftig noch im Euroraum, aus welchen Gründen auch immer, hilfsbedürftig werden könnten. *Sarrazin* hält auch einen europäischen Bundesstaat noch sehr lange Zeit für reine Utopie.

Und auf der letzten Seite seines Buches schreibt er (Sarrazin 2012, S. 417): „*Griechenland, Portugal, Italien, Spanien und welches andere Südland auch immer*

„Darum muss man alles tun, was im Rahmen des Vernünftigen geboten ist, um das Überleben des Euro zu sichern, aber eben nicht um jeden Preis."

Abb. 18: Euro ja – aber nicht um jeden Preis

Sarrazin geißelt die Verfehlungen bei der Euro-Rettung an. Er ist nicht grundsätzlich gegen den Euro. Die ursprünglichen Vertragsbedingungen (besonders das No-Bail-out-Prinzip) müssten aber eingehalten bzw. wieder hergestellt werden. Schulden durch noch mehr Schulden zu bekämpfen, hält er für eine verfehlte Strategie.

sollten sich daran erfreuen, dass sie über Euro verfügen und Euro ausgeben können. Aber es soll sich dabei um selbstverdiente Euro und nicht um Geschenke oder Darlehen der Nordländer handeln. (…) Wenn ein Land unter der Disziplin der gemeinsamen Währung nicht leben kann oder will, so soll es jederzeit frei sein, zu seiner nationalen Währung zurückzukehren." Und auf der Vortragsveranstaltung mit *Sarrazin*, die im Vorwort erwähnt worden ist, formuliert er für das Publikum (Pforzheimer Zeitung, 14.07.2012, S. 3): *„Jeder soll so leben, wie er will. Aber ich will nicht dafür bezahlen."* Der Berichterstatter vermerkt hier: *„Nach diesem Satz erschallt lauter Applaus vom Publikum. Treffer!"*

Originalzitate aus Sarrazins Buch

Ergänzend zum vorherigen Text vermitteln die folgenden Originalzitate einen zusätzlichen Eindruck von Sarrazins Ansichten und Folgerungen. Einige seiner Äußerungen sind vielleicht nur dann voll verständlich, wenn man sie im Kontext des Originals nachliest. Die Zahlen in der ersten Spalte sind die Seitennummern im Buch, auf denen man die entsprechenden Zitate findet.

014 Wir fühlen uns an die Asterix-Comix erinnert: Vor der gemeinsamen Währungen waren nur die Deutschen (oder die Holländer, Österreicher oder Dänen, aber die zählten nicht so) wirtschaftlich so stark wie Obelix. Aber dann, wenn Miraculix den Zaubertrank „gemeinsame Währung" mischte und alle davon tranken, dann würden sie alle so stark wie Obelix sein. Der deutsche Obelix hatte ja auch ein schlechtes Gewissen wegen seiner Stärke und wollte diese gerne teilen und sich damit nebenbei auch aller Schuldgefühle entledigen, die ihn zu Recht seit dem Zweiten Weltkrieg plagten und die Freude am eigenen Erfolg schmälerten.

015 Aber sie [die Politik] hat die Macht … im konkreten Fall Expertenwissen und gesunden Menschenverstand zu missachten und Fehlentscheidungen zu treffen, deren dramatische Folgen sie selbst nicht überschaut, und dann, wenn sie eintreten, zu lange verharmlost und unterdrückt.

016 Die Skeptiker unter den Fachleuten waren damals in der Mehrheit. Ihre Argumente waren schlüssig, sie waren einleuchtend, und sie behielten Recht. Die Wahrheit ist, die Menschen denken nicht in Argumenten. Nur die Experten tun es, wenn sie unter sich sind. Menschen denken in Bildern, und das umso mehr, je weniger sie von einer Sache verstehen.

019 Angela Merkel zumal konnte nichts für den Schlamassel, den sie übernommen hatte. Aber sie nahm Kohls Erbe an und erwies sich im Sommer 2011 mit der Formel „Scheitert der Euro, dann scheitert Europa" als seine würdige politische Tochter.

020 Ökonomische Preise für politische Ziele müssen benannt und dürfen nicht verschwiegen werden. Soweit die deutsche Politik meint, aufgrund politischer Erwägungen wegen der deutschen Schuld am Zweiten Weltkrieg und dem Holocaust besondere Opfer im Sinne einer „europäischen Solidarität" bringen zu müssen, sollte auch dies offen diskutiert und klar ausgewiesen werden.

021 Angela Merkel, deren Stimme sich genauso wie die der freundlichen Frau im Navigator meines Autos anhört, scheint auch exakt diese Funktion wahrzunehmen: Wenn ich offenbar falsch gefahren bin, höre ich für einige Zeit „Wenn möglich, bitte wenden", und dann, wenn die Abweichung sich vergrößert hat, höre ich „Bitte links abbiegen". Hat der Wagen das kartographierte Gelände verlassen, meldet die freundliche Stimme: „Das Ziel liegt in der angegebenen Richtung". Bei meinem Auto weiß ich, dass die freundliche Stimme keinen Einfluss auf den Kurs des Wagens hat, sondern nur den Sachstand vermeldet. Ich befürchte, bei der Entwicklung der Währungsunion könnte es ähnlich sein.

022 Woher nimmt man den Optimismus, man könnte auf europäischer Ebene durch Zuckerbrot und Peitsche das Finanzgebaren von Griechenland oder Italien in den Griff bekommen, wenn derartige Disziplinierungsversuche schon innerhalb von Nationalstaaten scheitern, wie das Beispiel der süditalienischen Regionen in Italien oder einiger Bundesländer in Deutschland zeigt?

024   Gelegentlich muss man bereit sein, etwas zu tun, das aus rein sachlicher Perspektive falsch sein mag, um höhere Ziele zu erreichen. … Kann es sein, dass das, was wirtschaftlich falsch ist, politisch richtig ist, weil es um Ziele geht, die das rein Wirtschaftliche quasi transzendieren? Auch davon handelt dieses Buch.

025   Eines wir allerdings nicht funktionieren …: vernünftiges Verhalten der staatlichen Schuldner quasi zentral zu erzwingen. Erstens ist selten eindeutig feststellbar, was eigentlich vernünftig ist (…) Zweitens aber bedingt die wirksame Kontrolle des Verschuldungsverhaltens entweder eine Eingriffsintensität, die den betroffenen Staat seines souveränen Charakters beraubt, oder sie ist unwirksam.

025   Ich [Sarrazin] will den Leser nicht vorzeitig auf bestimmte Meinungen festlegen, zumal ich auch am Ende des Buches die absolute Wahrheit nicht entdeckt haben werde. Der Leser bekommt auf dem Weg durch die verschiedenen Kapitel die Fakten, aber auch das argumentative Rüstzeug, um sich sein eigenes Urteil zu bilden.

026 Einerseits hilft es nicht, Fehlentscheidungen zu bejammern, die seit 1991 bis in die jüngsten Tage reichlich gefallen sind. Andererseits ist es gefährlich und verderblich, grundsätzlich Falsches deshalb fortzuführen, weil man einmal damit begonnen hat. (…) Nicht die Kompliziertheit der Materie, sondern das Wunschdenken vieler Politiker hat uns in eine Sachgasse bzw. an einen Abgrund von Risiken geführt. Viele „Experten" haben den Politikern dabei geholfen, auch dem Expertenurteil ist also nur bedingt zu trauen.

031 Ins Bundesfinanzministerium trat ich [Sarrazin] 1975 ein mitten in der zweiten Nachkriegsrezession. Spätestens seitdem war ich kontinuierlich Statist, manchmal auch kleiner Akteur, auf der Bühne des Währungs- und Finanzgeschehens in der Bundesrepublik Deutschland. Meine Ansichten habe ich in dieser Zeit öfters gewechselt, das tue ich auch heute noch.

032 Meist ist bei jeder ökonomischen Wahrheit unter einer anderen Fragestellung oder bei leicht veränderten Rahmenbedingungen auch ihr Gegenteil war. Der Einfluss von Präferenzen oder Werturteilen tritt hinzu (...) Komplizierter wird es, ... wenn man den Fokus statt auf das Individuum auf den Nationalstaat, Europa oder gar die Weltgesellschaft legt. Dann kann Friedensbewahrung wichtiger sein als isolierte Effizienz. Auch kulturelle Faktoren können wirtschaftliche Urteile mitbestimmen (...) Auch der unterschiedliche Charakter von Kulturen, Ethnien und Individuen mag bewirken ..., dass vergleichbare wirtschaftliche Rahmenbedingungen zu ganz unterschiedlichen Ergebnissen führen.

034 Zu den größten uneingelösten Utopien vieler Ökonomen wie auch vieler Politiker gehört der Glaube, es sei möglich, durch geeignete Steuerungsmaßnahmen der Geld- und Finanzpolitik die Auswüchse des Konjunkturzyklus weitgehend zu beseitigen, um so eine kontinuierliche wirtschaftliche Entwicklung zu sichern.

059 So gewann die D-Markt, die Bundesbank sowie die deutsche Wirtschaft- und Finanzpolitik für die EWG eine Dominanz, die insbesondere für Frankreich kaum erträglich schien und letztlich den Anstoß für die europäische Währungsunion gab.

069 Bundeskanzler Helmut Kohl war ein europäischer Visionär, kein Ökonom. Sein Weltbild stammte aus den späteren vierziger und früheren fünfziger Jahren [des letzten Jahrhunderts]: Nur die Einheit Europas mit Deutschland und Frankreich als Kern konnte dauerhaft den Frieden sichern.

079 Die Währungsunionen souveräner Staaten hatten meist eine kurzlebige und selten glückliche Geschichte. Sie funktionierten umso besser, je ähnlicher sich die beteiligten Staaten institutionell und in ihrer Mentalität waren.

086 Zu allen Zeiten wurden Inflation und Währungsverfall ausschließlich dadurch ausgelöst, dass sich der Staat des Notenbankkredits (vulgo der Notenpresse, zu Zeiten von Metallgeld auch der Münzverschlechterung) gediente, um sich zusätzliche Einnahmen [Liquidität] zu verschaffen.

087 Immerhin zeigte der Druck auf die Wechselkurse Spannungen rechtzeitig an. Durch Abwertung und Inflation konnte die nationale Politik notfalls sowohl die Wettbewerbsfähigkeit wieder verbessern als auch die Staatsschuld entwerten, mit anderen Worten vergangen Fehler korrigieren. In einem Wirtschaftsraum mit einheitlicher Währung dagegen gibt es definitorisch keine Wechselkurse, die den Aufbau innerer Spannungen anzeigen können.

089 Zu diesem Sanktionsmechanismus gehört grundsätzlich auch, dass eine Insolvenz oder Umschuldung des unsoliden staatlichen Schuldners notfalls hinzunehmen ist. Wenn aber … das No-Bail-Out-Prinzip aufgeweicht oder außer Kraft gesetzt wird, dann ist die entscheidende Sicherung … ausgefallen, und das ganze System droht obsolet zu werden.

091 Bei der ersten öffentlichen Äußerung von Wolfgang Schäuble in dieser Richtung [Hilfe für Griechenland] fragte ich [Sarrazin] mich fassungslos, ob er und ich denselben Vertrag gelesen hatten.

092 … und mir klangen noch die Ohren von den vielen Beteuerungen zuständiger deutscher Politiker aus den neunziger Jahren [des vorigen Jahrhunderts], dass der Maastricht-Vertrag die Stabilität der Währung sichere und eine Transferunion verbindlich ausschließe. (…) Dabei sollte mir entgangen sein [bei der Vorbereitung Sarrazins Buch über den Euro 1996], dass alles nicht so gemeint war, wie es gesagt war? Ich war schockiert, und eigentlich bin ich es noch heute.

098 Wirtschaftlich gesehen war die Einführung des Euro ja nichts anderes als die Hingabe der D-Mark an alle Mitglieder des Euroraumes.

110 Griechenland war durch Betrug in die Währungsunion gekommen. Das unvermutete Geschenk der
harten Währung mit ihren niedrigen Zinsen er-
möglichte dem vorwiegend durch Patronage und
Bestechung gesteuerten Staatswesen eine ungezü-
gelte Ausgabenwirtschaft, die die BIP-Zahlen für
eine Reihe von Jahren quasi wie eine Sumpfblühte
aufblähte.

111 Zusammengefasst: Gemessen am Wohlstandsin-
dikator BIP brachte die Währungsunion für viele
Mitglieder schwere Nachteile, für Deutschland
hingegen keine Vorteile. Dabei halten die negativen Tendenzen ungebremst weiter an …

114 Häufig hört und liest man die Meinung: Weil die
importfreudigen Länder des südlichen Euroraums
durch ihre Nachfrage so viele Arbeitsplätze in
Deutschland sichern, haben sie quasi einen moralischen Anspruch darauf, dass ihnen Deutschland
auch die Mittel verschafft, mit denen sie deutsche
Exporte bezahlen. An dieser Stelle setzt gerne ein
subtiles Spielen mit deutschen Schuldgefühlen …
ein.

117 Die wirtschaftliche Entwicklung der Südländer wird weniger dadurch gehemmt, dass sie von deutschen Produkten überschwemmt werden, als dadurch, dass sie wegen zu hoher Kosten die Nordländer als Absatzmarkt verlieren. (…) Für die Wirtschaft der Südländer wurde die Währungsunion zur Wettbewerbsfalle, und das Desaster hat gerade erst angefangen.

121 … Griechenland verlor … im Korsett des Euro die Reste seiner bescheidenen Wettbewerbsfähigkeit und wurde zum Bittsteller und Almosenempfänger. Für Griechenlands wirtschaftliche Entwicklung wäre eine eigene Währung mit etwas höherem Inflationspfad wahrscheinlich günstiger gewesen, für sein nationales Selbstbewusstsein auch.

132 Wirtschaftlich und rechtlich gesehen ist die Haftung über Target-Salden jener durch Eurobonds gleichzusetzen: In beiden Fällen entspricht die formale Haftung zunächst dem deutschen Kapitalanteil von 27 % am Euro-System. Der Haftungsanteil steigt aber in dem Maße an, theoretisch bis 100 %, in dem Mitschuldner im System ausfallen, weil sie insolvent werden.

140   Die beiden Maastricht-Kriterien – eine Obergrenze von 3 % des BIP für die jährliche Neuverschuldung und von 60 % des BIP für den staatlichen Schuldenstand – waren wissenschaftlich zwar nicht zwingend, aber sie waren pragmatisch sinnvoll. Sie könnten als eine Verschuldungsregel des gesunden Menschenverstandes betrachtet werden.

141   Der japanische Staat z.B. hat zwar eine absurd hohe Verschuldung von 200 % des BIP. Aber das betrifft die internationalen Kapitalmärkte überhaupt nicht (…) Gläubiger des japanischen Staates sind, wenn man Forderungen und Verbindlichkeiten gegenüber dem Ausland saldiert, netto allein die japanischen Bürger.

144   In den Fällen USA und Großbritannien besteht für Anleihekäufer allenfalls ein Inflationsrisiko, aber die Rückzahlung selber steht wegen der nationalen Notenbank, die jederzeit Geld drucken kann, völlig außer Frage.

146   Bei aller Ausdifferenzierung im Euroraum ist auch für den Indikator Staatsverschuldung das Ergebnis eindeutig: Die Nordländer schneiden weitaus besser ab als die Südländer, die Entwicklungen laufen dramatisch auseinander. (…) Der Euro war keine Hilfe bei der Begrenzung der Staatsverschuldung, eher im Gegenteil.

152   Sicherlich kann niemand genau wissen, wie ohne den Euro seit 1999 die wirtschaftliche Entwicklung in Deutschland und dem übrigen Euroraum verlaufen wäre. (...) Wer die großen Visionen, die sich um den Euro ranken, außer Acht lässt und sich mit den Augen des Buchprüfers über vorhandene Zahlen beugt, der kommt nicht umhin festzustellen: Ein ökonomischer Gewinn war die gemeinsame Währung in den ersten 13 Jahren ihrer Existenz nicht, wohl aber sind erhebliche Drohverluste aufgelaufen.

159   Es [der Ankauf von Staatsanleihen durch die EZB] ist wie beim Rauchen: Die Risiken sind umso gefährlicher, weil sie nicht unmittelbar nach dem Genuss einer Zigarette und zudem erst langfristig und individuell durchaus unterschiedliche auftreten ...

167   Ist ein Land der Eurozone nachhaltig nicht mehr in der Lage, seine Schulden zu bedienen – mindestens im Falle Griechenland ist wohl davon auszugehen –, so wäre eine Insolvenz mit nachfolgender Umschuldung der ehrliche und richtige Weg, damit umzugehen.

172 [Rettungs-"Ideologien"; eigene Kurzfassung]
Story 1: No-Bail-Out-Prinzip muss sich jetzt bewähren
Story 2: Insolvenz Euroland führt zu gefährlicher Kettenreaktion. Hilfen aber mit Auflagen.
Story 3: EZB als Lender of last Resort, eventuell Eurobonds
Story 4: Finanzkapitalismus ist schuld

173 Die Geschichte der Rettungspolitik der letzten drei Jahre ist auch die Geschichte des Ringens dieser Deutungsmuster miteinander. (…) Die Medien, die über Wissenschaft und Politik berichteten, machten die Sache nicht klarer. Auch ich [Sarrazin] – im Vergleich zur breiten Öffentlichkeit durchaus ein Experte – fühlte mich wiederholt hin- und hergerissen.

175, Dass Griechenland überhaupt in die Europäische
176, Währungsunion kam, war ein Unfall der europä-
177 ischen Integrationsgeschichte. (…) Griechenland trieb lediglich den Betrug an Geist und Inhalt des Vertrages, den auch andere begingen, unbekümmert … auf die Spitze, als es, um den Eintritt in die Währungsunion zu erlangen, schlicht Zahlen fälschte. Das konnte nur gut gehen, weil es ein stillschweigendes Einvernehmen mit der Europäischen Kommission und dem Europäischen Rat gab, Griechenland den Beitritt zu ermöglichen. (…) Jeder, der sich für Zahlen interessierte, wusste schon vorher, dass die Situation in Griechenland nicht haltbar war.

180 Die Fleischtöpfe der EU … hatten [in Griechen-
land] zu einer 10 Jahre währenden, riesigen Ver-
schwendungsparty geführt. Natürlich waren die
Politiker nicht alleine Schuld. Es war die ganze
Gesellschaft. Auf die Dauer wählt jedes Volk jene
Politiker, deren Mentalität es versteht und von denen es sich am ehesten repräsentiert fühlt.

182 Und damit bin ich beim No-Bail-Out-Prinzip
als dem Kern guter Nachbarschaft: Man grüßt
sich über den Gartenzaun, nimmt Pakete für den
Nachbarn entgegen, passt gegenseitig auf Hund
und Katze auf. Aber für seine in Euro aufgenom-
mene Hypothek kommt der Nachbar bitte selber
auch. Und wenn die Zwangsversteigerung unab-
dingbar ist, muss er das mit Anstand durchste-
hen. Der Umstand, dass meine Hypothek auch
auf Euro lautet, löst keine Beistandsverpflichtung
für seinen Zahlungsverzug aus.

190,
191
Für die Europäische Währungsunion und die EZB wäre es aber weitaus billiger gewesen, durch Kapitalzufuhr oder Garantien die griechischen Banken zu retten, als dem griechischen Staat zu helfen. (…) In der Summe hätte eine Insolvenz Griechenlands die Möglichkeit zu einem selbstverantwortlichen Neuanfang auf der Basis der eigenen Ressourcen gegeben. Wie bei einer insolventen Firma auch, hätte durchaus die Möglichkeit bestanden, gegen Warenlieferungen bzw. Vorauskasse Geld für lebensnotwendige Importe, etwa für Energie, Medikamente oder Vorprodukte der Industrie, zu erhalten.

192
„Die Märkte" könnten höchstens das Vertrauen in die Zukunft schwacher Partner verlieren, und das wäre gar nicht mal schlecht, weil diese Länder dann gezwungen wären, sich das Vertrauen durch ihre Politik aktiv zu erwerben. Damit geht es ihnen nicht anders als jedem Unternehmen, bei dem Aktienkurs und Zinsniveau der Anleihen auch vom Marktvertrauen bestimmt werden.

202,
203
In der gesamten Rettungsdiskussion tauchte, so wie das Ungeheuer von Loch Ness im Sommerloch, immer wieder die Forderung nach Eurobonds auf. (…) Der Eurobond ist die konsequenteste nur denkbare Verneinung des No-Bail-Out-Prinzips.

203 In der Deutschen Politik votieren Vertreter der SPD, der Grünen und der Linkspartei mehrheitlich für Eurobonds. (…) Sie sind außerdem getrieben von jenem sehr deutschen Reflex, wonach die Buße für Holocaust und Weltkrieg erst endgültig getan ist, wenn wir alle unsere Belange, auch unser Geld, in europäische Hände gelegt haben.

215 Die Statik der unterschiedlichen Bürgschaften, Garantien und Vorleistungen erinnert ein bisschen an die Statik der Eissporthalle von Bad Reichenhall. [Einsturz am 2.1.2006, Ursache: verborgene Schäden an tragenden Teilen, ungewöhnlich hohe Schneelast]

218 Hier wird deutlich, welche gigantische Fehlsteuerung die Aufgabe des No-Bail-Out-Prinzips bewirkt hat. (…) Nachdem die Büchse der Pandora namens Rettungsschirm geöffnet ist und sich auch die EZB vielfältig in Rettungsaktionen verstrickt hat, ist Deutschland plötzlich in die Rolle des großen starken Bruders, der den anderen Vorschriften für ihr Verhalten macht und von dem man ein wenig Entgegenkommen, Barmherzigkeit und verständige Nachgiebigkeit fordert.

221 [Roland Tichy, Chefredakteur Wirtschaftswoche]
„Aber Nationalstaaten lassen sich nicht so einfach
an die Kette legen. … Es gibt keinen Gerichtsvoll-
zieher, der den Kuckuck – sagen wir mal – auf die
Insel Samos klebt. So bleiben alle Stabilitätsver-
sprechen nur politische Willenserklärungen".

236 Gäbe es noch Drachmen, so würden eine Exper-
tise für Rosinen oder Oliven und ein griechischer
Staatsbankrott die Welt nur begrenzt interessieren.

237 Weder der Gemeinsame Markt, noch eine gemeinsame Außenpolitik oder Militärpolitik, noch eine
allmähliche Verstärkung bundesstaatlicher Ele-
mente in der Europäischen Union setzen zwingend eine gemeinsame Währung voraus oder werden durch diese in irgendeiner Form erleichtert.

237 Aber ein Auseinanderbrechen der Eurozone könnte
negative Konsequenzen für die weitere Integration
in Europa haben bzw. eine politische Dynamik
in Gang setzen, die auch bereits erreichte Integra-
tionsschritte wieder in Frage stellt. Darum muss
man alles tun, was im Rahmen des Vernünftigen geboten ist, um das Überleben des Euro zu
sichern, aber eben nicht um jeden Preis.

244 Wie auch immer: Deutschland braucht den Euro
nicht, um seine Wettbewerbsfähigkeit für die Zukunft zu sichern und zu schützen, und der Wettbewerbsfähigkeit der weniger starken Länder … des
Euroraums ist die gemeinsame Währung schlecht
bekommen. Auch der Europäische Binnenmarkt
braucht den Euro nicht, um zu funktionieren.

248 Franzosen, Italiener, Spanier oder Griechen wollten mit dem Euro vor allem die niedrigen Zinsen,
die Stabilität und die Kaufkraft der D-Mark zu
sich transferieren, einen europäischen Bundesstaat
hatte sie bestimmt nicht im Auge. Die Möglichkeit einer Transfer- und Haftungsgemeinschaft
stieß allerdings stets auf ihre Sympathie.

260 Sozialpsychologisch faszinierend ist auch im
Nachhinein die kollektive Unfähigkeit, das Risiko, den Zeitpunkt und den Umfang der größten
Finanzkrise seit der Weltwirtschaftskrise voraus-
zusehen. (…) Es waren ja im Vorfeld der Krise
nicht nur geldgierige Zocker am Werk: Es gab
scheinbar belastbare statistische Modelle über die
Ausfallwahrscheinlichkeit von Hypotheken, sau-
ber differenziert nach Regionen und Beleihungs-
grenzen. (…) Nicht im System vorgesehen waren
Missbrauch und Betrug.

263 Außenseitertum scheint der Preis dafür zu sein, Kollektivirrtümern zu entgehen. (…) Man muss in manchen Situationen fast schon verhaltens- und beziehungsgestört sein, um sich einen klaren Blick für die Fakten zu bewahren. (…) …dass Experten sich nicht gern vereinzeln. Im Zweifel irren sie lieber gemeinsam mit den Kollegen, als alleine das Risiko einer Falschprognose einzugehen.

266 Geht etwas schief, so hat definitorisch nicht „der Markt", sondern die Regulierung versagt. Oder Marktteilnehmer haben bestehende Vorschriften nicht beachtet und kamen damit durch, dann hat die Aufsicht nicht funktioniert. Der Kern jeden Marktversagens ist also stets ein Staatsversagen und damit ein politisches Versagen. Daher ist es vom geistigen Ansatz her verfehlt, „Markt" und „Staat" in einen Gegensatz zu bringen…

267 Die gesellschaftliche Legitimation des Gewinns liegt im Risiko des Verlustes, wenn etwas schiefgeht. Das muss selbstverständlich auch für Banken – präziser – für deren Eigentümer gelten. (…) Wenn eine Bank nur durch staatliche Hilfe gerettet werden kann, so muss für die Zukunft klar sein, dass zuerst das Kapital der Aktionäre zum Einsatz kommen muss.

272 In jeder Volkswirtschaft entstehen ständig finanzielle Salden … Das gilt grundsätzlich für Staat, Unternehmen und private Haushalte. Die Funktion des Bank- und Kreditwesens und der Kapitalmärkte ist es, diese Salden zu sammeln und einen Ausgleich herbeizuführen. Zu diesem Zweck gibt es Zinsen. Sie entschädigen den einen dafür, dass er gegenwärtig auf die Nutzung seines Kapitals verzichtet, und sind für den anderen der Preis für die Nutzung eines Kapitals, das ihm nicht gehört.

282 Zentraler Antrieb an allen Märkten und für jedwede wirtschaftliche Aktivität ist der menschliche Eigennutz. Alle Systeme, die dies vernachlässigen, sind wirtschaftlich gescheitert und waren außerdem zumeist ganz schreckliche Diktaturen. (…) Wir werden dabei [die Gesellschaft gerechter zu machen] umso mehr Erfolg haben, je mehr wir die marktwirtschaftlichen Gesetzmäßigkeiten beachten.

285 Es gibt immer wieder Länder, deren staatliche Finanzpolitik und Schuldenpolitik von verantwortungsloser Misswirtschaft, Verschwendung und Inkompetenz geprägt sind. In der Eurozone ist Griechenland solch ein Staat. Es gibt hier aber international eine gleitende Skala von inkompetenter Misswirtschaft, die bis hin zu Zuständen wie in Zimbabwe reicht. Eine Systemfrage ist aber auch dies nicht, sondern schlichtweg eine Frage von korrupten Eliten und inkompetenter Governance.

286 All das Wüten gegen Banken und Schulden, all die Bücher, Aufsätze und Pamphlete, die dazu von Philosophen, Soziologen und auch Ökonomen verfasst werden, führten in ihrer Allgemeinheit aus meiner Sicht kaum zu einem nützlichen Erkenntnisgewinn. Besonders abwegig ist es, hieraus ein Demokratieproblem machen zu wollen. Die Demokratie hat nämlich keine eingebaute Versicherung gegen falsche, ja schlichtweg stupide oder einseitig interessenbezogene Entscheidungen.

287 Über den Eintritt dieser Folge [Staatsbankrott, Griechenland] würden Schuldner gerne demokratisch abstimmen und das Ergebnis dieser Abstimmung gegen künftige Geldgeber gelten lassen. Aber das wäre offenkundig absurd und eine Perversion des Demokratieprinzips. Funktionierende Demokratie hätte darin bestanden, dass die Griechen Regierungen gewählt hätten, die das Land verantwortungsbewusst führen und keine Verpflichtungen eingehen, die sie nicht bedienen können.

293 Das Land Preußen meldete in seiner wechselvollen Geschichte bis zu seiner Auflösung im Jahr 1946 niemals Staatsbankrott an und war deshalb stets ein begehrter Schuldner. Griechenland machte … seit seiner Unabhängigkeit vom Osmanischen Reich im Jahre 1828 fünfmal Staatsbankrott und war immer wieder über Jahrzehnte hinweg gar nicht kapitalmarktfähig.

294 Es gibt aber eine empirisch beobachtbare und vielfältig belegte Grundkonstante, die in den Kernan-
trieben wirtschaftlichen Verhaltens begründet ist:
Der Umgang mit eigenem Geld ist stets sorgfältiger und wirtschaftlicher als der Umgang mit fremden Geld. (…) Dieses Phänomen nenne ich die
anthropologische Grundkonstante des Finanzwesens.

296 Seit 160 Jahren ist also für den großen Bundesstaat
USA eindeutig klargestellt, dass der Bund keine
Haftung für die finanziellen Verpflichtungen der
Mitgliedsstaaten übernimmt. Das Beispiel zeigt,
dass eine Schuldenkrise von Ländern in einem gemeinsamen Währungsraum keineswegs historisch
einmalig ist und auch nicht durch einen Bail-Out
gelöst werden kann.

298 Nach meiner [Sarrazins] Einschätzung wird auch
europäischen Institutionen und europäische
Rechtssetzung in Italien nicht in wenigen Jahrzehnten das gelingen, was die Italiener selbst über
150 Jahre nicht geschafft haben, nämlich Rechts-
staatlichkeit, Verwaltungseffizienz und Gesetzestreue auf ein einigermaßen einheitliches, mit-
teleuropäischen Maßstäben genügendes Niveau zu
bringen.

298 Zwei Begriffe von Solidarität stehen sich gegenüber: Der falsche Begriff von Solidarität ist: Gib mir ab, weil du mehr hast. Der richtige Begriff von Solidarität lautet: Wir finanzieren dort gemeinsam, wo dies den Gesamtwohlstand erhöht. Wir verteilen um, weil der Starke den Schwachen stützt und schützt. (…) Zur richtigen Art von Solidarität gehört es, grundsätzlich dort nicht zu helfen, wo sich der mögliche Adressat aufgrund seiner objektiven Möglichkeiten auch selber helfen könnte.

319 Keine einmal erreichte Konsolidierung hat eine eigebaute Garantie, dass sie von Dauer ist, wenn die Mentalität und die Menschen fehlen, um sie zu verteidigen und weiter auszubauen.

325 Bei notorischen Schuldnerstaaten, deren Eliten keine ausgeprägte Gesetzestreue besitzen, wird es dagegen immer Mittel und Wege geben, eine gesetzliche Schuldenbremse leer laufen zu lassen.

333 Bei allem Takt braucht Deutschland in einem Punkt auch äußerste Härte: Die Franzosen müssen ihre Probleme selbst lösen. (…) Der direkte oder indirekte Weg in die Transferunion, um französische Leiden zu lindern, wäre ein gefährlicher Irrtum, der auf die Dauer Frankreich nicht nützt und Deutschland schadet.

335 Noch viel tiefer als in Frankreich scheint in Italien das Missverständnis verwurzelt, der tiefere Sinn der Währungsunion sei es, dass Deutschland für seine Partner zahlt und bürgt.

342 „Während wir mit der einen Hand das Geld der EU nahmen, haben wir nicht mit der anderen Hand in neue und wettbewerbsfähige Technologien Investiert. Alles ging in den Konsum. Das Ergebnis war, dass jene, die etwas produzierten, ihre Betriebe schlossen und Importfirmen gründeten, weil sich damit mehr verdienen lies. Das ist das eigentliche Desaster dieses Landes." [Zitat von Michaels Chrysochoides]

350 Der Politologe Wilhelm Hennis schrieb vor Jahrzehnten, die Stärke eines Gemeinwesens hänge von drei Faktoren ab: von der Kraft der Institutionen, von der Qualität des politischen Personals und von der Tugend der Bürger. In griechischen Gemeinwesen mangelt es offenbar an allen dreien, während sich Irland bei der Krisenbewältigung trotz der krassen Fehler, dies korrigieren musste, als ein immanent starkes Gemeinwesen gezeigt hat.

352 Die einst so mächtige Bundesbank wirkt wie ein antiker Gladiator, der am Ende seines letzten Kampfes hoffnungslos gefangen in dem Netz zappelt, das ein hinterlistiger Gegner über ihn geworfen hat.

353 Das einzige rationale Motiv [für die diversen Rettungsaktionen Griechenlands], das ich [Sarrazin]
erkennen kann, ist die Furcht vor einem Laufmascheneffekt, der das ganze Europrojekt gefährden
könnte. (…) Angela Merkels ultimative Drohung
„Scheitert der Euro, dann scheitert Europa" in-
terpretiere ich als die große Sicherheitsnadel der
schwäbischen Hausfrau, mit der diese beherzt kurz
über dem Knie die weitere Ausbreitung der Laufmasche im Wollstrumpf zu verhindern versucht.

360 „The ultimate result of schielding men from the ef-
fect of folly, ist to fill the word with fools." [eigene
Übersetzung ca.: Wenn man Menschen vor den
Folgen ihrer Torheit schützt, erhält man als End-
ergebnis eine Welt voller Narren] So gesehen sind
wir dabei, ein Europa der Narren zu schaffen. [Zitat
von Herbert Spencer, Essay „Money and Banking"]

362 Ziemlich klar wird: Die [Euro-] Kommission sieht
die Einführung von Eurobonds als eine Art Troja-
nisches Pferd an, mit dessen Hilfe auf Umwegen
Ziele der fiskalischen und ökonomischen Integration erreicht werden könnten, die im Augenblick
noch unzugänglich sind.

372 Deutschland hat sich in die Lage gebracht, zu hohen Kosten und mit wachsenden Risiken eine gemeinsame Währung zu verteidigen, die selbst dann, wenn sie funktioniert, dauerhaft weder Wohlstand noch Beschäftigung erhöht. (…) Aber wir müssen wieder zu den Urprinzipien des Vertrages von Maastricht zurückkehren und von deren Einhaltung unser weiteres Verhalten abhängig machen: Kein weiterer Bail-Out und kein Ausbau der entsprechenden Instrumente über die bereits gemachten Zusagen hinaus. (…) Sollte der Euro jedoch zerbrechen, bedeutet das nicht das Ende Europas. Europa ist viel größer als der Euro.

379 Europa war nie eine staatliche Einheit, auch eine kulturelle Einheit war es nur bedingt. Das einigende Band war lange Zeit der in der Antike dominierende Einfluss der griechisch-römischen Kultur. (…) Das einigende Band war ferner das Christentum.

386 „Der Umstand, dass Deutschland Garantien und Hilfen zur Überwindung der Schuldenkrise an Bedingungen knüpft, weckt offenbar Abhängigkeits- und Ohnmachtsgefühle, die sich unmittelbar in mehr Abneigung gegen Deutschland und die Deutschen Umsetzen. Die indirekte Folge der gemeinsamen Währung ist insoweit nicht die beabsichtigte Stärkung der freundschaftlichen Beziehungen unter den Völkern Europas, sondern das genaue Gegenteil."[Zitat von Nikolas Busse: Renaissance des Vorurteils, FAZ 22.02.2012]

389 Auch Angela Merkel ist offenbar die Gefangene jenes deutschen Nachkriegs-Denkstils, wonach nur ein letztendliches Aufgehen Deutschlands in Europa Deutschland vor sich selbst und die Welt vor Deutschland retten könne. Dieser Denkstil hat uns in ein Abenteuer mit ungewissem Ausgang geführt, und er blockiert jetzt die deutsche politische Klasse bei der Suche nach Auswegen.

390 Die in Deutschland seit sechs Jahrzehnten besonders ausgeprägte Begeisterung für Europa ist nicht zu erklären ohne die moralische Last der Nazizeit. (…) Unsere Partner merken aber diese Schwäche: „Die Verbrechen der Vergangenheit werden kühl und berechnend zum Zweck der moralischen Erpressung instrumentalisiert." [Zitat von Roland Tichy, Chefredakteur Wirtschaftswoche, 06.02.2012, S. 3]

391 Europa ist erfolgreich, wenn Frieden herrscht, wenn in den Ländern Europas die Demokratie stabil bleibt bzw. sich weiter festigt, wenn die Menschen aus eigener Kraft ihre Lebensverhältnisse verbessern können, Arbeit finden und von den Früchten ihrer Arbeit leben können.

393 Alle Ideologien haben eins gemeinsam: Sie haben sich durch den Kranz ihrer Definitionen und Setzungen mit Erfolg gegen Einwände aus der Wirklichkeit abgesichert. Sie spielen die Rolle einer Religion oder eines Religionsersatzes. Das macht ihre Befürworter gegen Argumente immun.

393 Diejenigen, die jede Diskussion um den Euro oder einen Austritts Griechenlands mit einem „Scheitern Europas" in Verbindung bringen, argumentieren letztlich wie Erich Honecker, der kurz vor dem Fall der Mauer sagte: „Vorwärts immer, rückwärts nimmer." Wer so denkt, offenbart ein profundes Misstrauen in die natürliche Stabilität der europäischen Integration und gegen die Vernunft der Europäer überhaupt.

409 Gebt diesen Ländern ihre eigene Währung und ihre eigene Zentralbank zurück, dann können die demokratisch gewählten Regierungen wieder wirtschaften, wie sie es möchten. Und kein Grieche oder Italiener wird mehr auf die Idee kommen, für die Folgen des eigenen Wirtschaftens die strengen Deutschen verantwortlich zu machen, wie es sich mit der Verschärfung der Staatsschuldenkrise immer mehr eingebürgert hat.

411 Natürlich wäre auch Griechenland sanierungsfähig und könnte im Euroraum verbleiben, wenn die Korruption in Politik und Verwaltung kurzfristig beendet werden könnte, die Realeinkommen ohne Streiks und Unruhen um 30 % sinken würden, die Steuerbehörden in zwei Jahren den Ausbildungsstand und die Effizienz eines durchschnittlichen deutschen Finanzamtes erreichen würden, die Mehrheit der Griechen plötzlich steuerehrlich würde. Unmöglich ist das nicht … aber extrem unwahrscheinlich.

Zitate aus verschiedenen Publikationen

Die folgenden Zitate aus verschiedenen Publikationen (Zeitungen, Zeitschriften, Internet) ergänzen das Bild über *Sarrazins* Buch. Sie sind aufsteigend nach Datum sortiert. Viele der Zeitungsartikel kann man auch im Internet nachlesen. (Anregung: Google-Suche mit Eingabe der vollständigen Artikelüberschrift – in den Zitaten kursiv geschrieben)

04.02.2012 Da nennt „Il Giornale" die Bundeskanzlerin „Fettarsch", Angela Merkel kommt in [griechischen] Zeitungen als Nazi-Schlampe oder mit Hitler-Bärtchen vor. Werden Hilfsmilliarden nicht bedingungslos überwiesen, wird dies in Griechenland als Einmarsch der Wehrmacht diffamiert. (…) Man muss es leider so sehen: Die Verbrechen der Vergangenheit werden kühl und berechnend zum Zweck der moralischen Erpressung instrumentalisiert. (Tichy, R.: *Moralische Erpressung,* WirtschaftsWoche)

16.05.2012   Seine Zuhörer sind zumeist gerade keine radikalen Eiferer und keine politischen Extremisten. Nein, bei Sarrazin sitzt die Mitte Deutschlands im Parkett, anständiges und zumeist gut situiertes Bürgertum, vom Handwerksmeister bis zur Bankangestellten. Diese Menschen sind angewidert vom etablierten Polit-Betrieb mit seinen Kompromisszwängen, taktischen Schlaumeiereien und rhetorischen Verlogenheit. (…) Geduldig tröpfelt dieser Mann [Sarrazin] Gift in die Köpfe seiner Zuhörer. Am Ende – und das ist das eigentlich perfide seiner Masche –, am Ende will er es nicht gewesen sein. (Gerwien, T.; Hoidn-Borchers, A.: *Warten auf Sarrazin,* STERN, S. 41, 43)

16.05.2012   In diesem Fall weiß Sarrazin, wovon er spricht. Er ist Ökonom, saß im Vorstand der Bundesbank, und so ist das Buch mit dem populistischen Titel ein durchaus fundiertes Stück Volkswirtschaft, das sich solide mit den Schwächen der Währungsunion auseinandersetzt. (Petzold, A.: *Europa braucht den Euro,* STERN, Editorial)

21.05.2012 Die Griechen haben schon vor der Schuldenkriese Hilfen der EU erhalten, die mehr als 150 Prozent der jährlichen Wirtschaftsleitung entsprechen. (…) Wenn Sie nur davon ihre Strände gefegt, schöne Imbissbuden gebaut und das Geld nicht veruntreut hätten. Dann hätten wir ihnen doch alles gegeben. Aber den krassen Missbrauch von Mittel weiter zu unterstützen ist auch nicht gut für Griechenland. (Sarrazin, T.: *Europa könnte ganz gut ohne den Euro leben*, F.A.Z., S. 11)

21.05.2012 Bestseller Autor Thilo Sarrazin analysiert die Lebenslügen der kriselnden Gemeinschaftswährung: Vertragsbrüche, Statistikbetrug, scheinheilige Rettungsversuche und die Sucht nach deutschem Geld. (…) Der Autor liefert eine überaus seriöse, gründliche – fast schon wissenschaftliche – Arbeit ab. Er verteilt genüsslich ein paar Seitenhiebe gegen den aus seiner Sicht zu lange untätigen Ex-Bundesbank-Chef Axel Weber und den allzu europagläubigen Finanzminister Wolfgang Schäuble. (*Abrechnung mit dem Euro,* FOCUS, S. 109)

23.05.2012 Seltsamerweise kann auch der Opposition in Deutschland der Marsch in die Schuldenunion nicht schnell genug gehen. (…) Niemand fragt, ob Deutschland, die Niederlande oder Finnland unter den Lasten auch noch zusammenbrechen könnten. (…) Wer die Frage stellt, warum ausgerechnet jetzt in der Eurozone Schulden vergemeinschaftet werden sollen, ohne dass man Staaten daran hindern kann, neue Schulden aufzunehmen, wird als Antieuropäer verunglimpft. (Steltzner, H.: *Schuldenunion,* F.A.Z., S. 1)

24.05.2012 Das Buch [Europa braucht den Euro nicht] ist allerdings kein Pamphlet. Ökonomischer Sachverstand ist Sarrazin nicht abzusprechen. Und in nicht wenigen Einzelpunkten erntet er auch nicht meinen [Steinbrücks] Widerspruch. Mit Empörungswellen wird man diesem Buch jedenfalls nicht beikommen können. (Steinbrück, P: *Unpolitisch aufs Scheitern fixiert,* F.A.Z., S. 28)

24.05.2012 Ich selbst [Sarrazin] spreche ironisch vom Nebelfaktor: Je nebliger ein Land ist und je kälter und nasser die Winter, umso größer ist die finanzpolitische Vorsorge. (...) Es kann nicht sein, dass wir bald siebzig Jahre nach dem letzten Weltkrieg mit dieser Begründung für die Schulden anderer Länder aufkommen sollten, und genau darauf laufen zum Beispiel Euro-Bonds hinaus. (...) Solidarität besteht nicht darin, dass entwickelte, souveräne Staaten zum Ausgleich für Fehlentscheidungen anderer souveräner Staaten deren Schulden übernehmen. (Sarrazin, T.: *Keinen Euro mehr,* DIE ZEIT, S. 4

25.05.2012 Das neue Buch [Europa braucht den Euro nicht] ist trocken, wirklich überraschend ist das nicht. (...) ... ein als Pamphlet getarntes Technikratenbuch. (...) Sarrazin beherrscht das Handwerk des Populisten wie kein Zweiter: Faktentiraden und Zahlenkolonnen lullen den Leser ein. Wer bei der Lektüre den Faktencheck versucht, muss auf die Ebene der Haarspalterei herabsteigen. (Enderlein, H: *Jetzt spricht der Ökonom,* DIE ZEIT, S. 49)

29.05.2012 Wieder einmal wird er von der politischen Klasse fast unisono verdammt und als „Provokateur" denunziert; umgekehrt erfährt er aus der Bevölkerung viel Zustimmung. Sarrazin ist ein sehr erfahrener, eigenwilliger Finanzpolitiker. Seine volkswirtschaftlichen Analysen sind fundiert, sie enthalten vernünftige, faktenbasierte Argumente und rechtfertigen keine hysterische Kritik. (…) Sturköpfig, wie er ist, will er sich mit den Rechtsbrüchen nicht abfinden und fordert eine Rückkehr zu einer strikten „No-Bailauot"-Politik. (Plickert, P.: *Ein preußischer Europäer,* F.A.Z., S. 12)

08.06.2012 Eine Solidarhaftung setzt für einzelne Länder starke Anreize, sich zu verschulden und schmerzhaften Schuldenabbau zu vertagen, denn Kosten einer Überschuldung werden auf andere Mitgliedsstaaten abgewälzt. (…) Haftung und Kontrolle dürfen in der Fiskalpolitik nicht getrennt werden. (…) Geldbusen sind wirkungslos, wenn die Solidargemeinschaft ohnehin für alle Schulden haften muss. (Fuerst, C.: *Bankenunion statt Fiskalunion,* F.A.Z., S. 10)

09.06.2012 „Die Steuerflucht in Griechenland erreicht zwölf bis fünfzehn Prozent des Bruttosozialprodukts. Das sind 40 bis 45 Millionen Euro im Jahr. Wenn wir davon auch nur die Hälfte eintreiben könnten, wäre Griechenlands Problem gelöst." (Zitat von Nikos Lekkas im Artikel: *Kampf gegen steuerflüchtige Griechen und die Politik,* Stuttgarter Zeitung, S. 11)

11.06.2012 Was, um Himmels willen, ist los mit Europa? Ausgerechnet Griechenland und Italien, die beiden Gründermächte der europäischen Zivilisation, präsentieren sich heute als heruntergekommene Chaos-Staaten. (Stephan, R.: *Gehirnwüsche aus dem Geist des Nationalismus,* Süddeutsche Zeitung, S. 16)

12.06.2012 Der Versuch, Spekulanten oder Ratingagenturen als die Schuldigen [für die Krise der Währungsunion] zu identifizieren, ist längst als Ablenkungsmanöver entlarvt. Die Erkenntnis, dass die Probleme fast ausnahmslos in jedem Land auf eigene Fehler zurückzuführen sind, lässt sich immer weniger unterdrücken. (…) Ein Staat, der immer wieder neue Hilfen verlangt, aber permanent eingegangene Verpflichtungen nicht erfüllt, hat keinen Platz in der Währungsunion. (Issing, O.: *Europa in Not – Deutschland in Gefahr,* F.A.Z., S. 9)

17.06.2012 Nun ist es aber nicht so, dass die Griechen für diese Hilfen dankbar wären. Die Mehrheit von ihnen glaubt, dass Deutschland sich an den Griechen bereichert habe. (…) Aus dieser verzerrten Wahrnehmung ergibt sich, dass sich die Griechen als quasi wirtschaftlich Verfolgte ansehen und ernsthaft glauben, sie könnten den Euro behalten, auch wenn sie das Reformprogramm nicht umsetzen. (Sarrazin, T.: *Griechen, Euro und die deutsche Schuld*, F.A.Z., S. 13)

17.06.2012 In der Eurokrise wollen die Südländer (allen voran der Grieche Alexis Tsipra) vor allem die Schulden vergemeinschaften, ihre Souveränität aber nicht kastrieren lassen, während die Nordländer (allen voran die Deutschen) den Souveränitätsverzicht zur Voraussetzung für Transferinstitutionen (Bankenunion) machen. (…) Die bessere Alternative traut sich offenbar niemand mehr auszusprechen: Die Deutschen sollen aufhören, anderen Staaten ihre Souveränität zu stehlen. Doch wer Souveränität behält muss auch für seine Entscheidungen (seine Schulden! seine Banken!) gerade stehen und darf sich nicht aus der Verantwortung stehlen. (Hank, R.: *Wildwest*, F.A.S., S. 34)

22.06.2012 Misstrauen gegenüber einem Schiedsrichter [gemeint ist der Staat, die EU], der ein wirtschaftliches Interesse am Ausgang des Spiels hat, ist mehr als angebracht. (…) Wann gilt eine Währung als stark? Wenn man sie im Tauschwert zu anderen Währungen und im Hinblick auf die Fähigkeit, Güter zu erwerben, für stabil hält und ihr sogar ein Wertwachstum zutraut. (Di Fabio, U.: *Das europäische Schuldendilemma als Mentalitätskrise*, F.A.Z., S. 9)

23.06.2012 Das Retten insolventer Banken gehört nicht zu den Aufgaben der EZB. Aber in Griechenland macht sie das schon – und künftig auch in Spanien. (…) Sie [die EZB] akzeptiert auch fragwürdig verbriefte Immobilienkredite. So werden die Risiken und Kosten der Spekulationsblase am spanischen Häusermarkt über die EZB-Bilanz sozialisiert, während Boni-Banker der Zombiebanken ihre Gewinne einstreichen. (Steltzner, H.: *Zombiebanken der EZB*, F.A.Z., S. 11)

27.06.2012 Die europäische Staatschuldenkrise hängt wie ein anhaltendes Tiefdruckgebiet über dem Euroraum. Auch im dritten Jahr nach der Krise ist kein Ende in Sicht. (…) Deutschland hat die D-Mark im Vertrauen aufgegeben, seine Stabilitätskultur gelte auch in der Währungsunion fort, und kann im gegenwärtigen Rahmen der Währungsunion [ohne ESM] immerhin noch in vielen Fragen sein Veto einlegen. (Weidmann, J.: *Der Euro verlangt eine Stabilitätsunion,* Süddeutsche Zeitung, S. 28)

29.06.2012 Mit dem ESM werden die „Bail-outs" nun dauerhaft fortgeschrieben. (…) Im ESM dagegen [im Vergleich zum IWF] ringen – um im Bild zu bleiben – Bruder und Schwester darum wer zu welchen Bedingungen die Hand in die Tasche des anderen stecken darf. Ständiger Familienkrach ist so vorprogrammiert. (Schäfer, M; Welter, P.: *In der finanziellen Pflicht,* F.A.Z., S. 14)

17.07.2012 Das kaltschnäuzige Auftreten der Vertreter der Krisenländer gegenüber den Darlehensgebern und die Darstellung Deutschlands etwas in den italienischen Medien wecken zunehmend Zweifel an der langfristigen Zahlungswilligkeit der Schuldnerländer. (Emschermann, R.; Eisermann, D: *Soli als Ausweg aus der Mithaftungsfalle,* F.A.Z., S. 10)

17.07.2012 Vor die Wahl gestellt, entweder die nationale Souveränität oder den Euro aufzugeben, würde Frankreich sich ohne Zögern für das Letztere entscheiden. (…) Frankreich und die anderen Schuldnerländer haben nach wie vor die begründete Hoffnung, den Kuchen essen und behalten zu können, und so verhalten sie sich auch. (Sarrazin, T.: *Geburtsfehler Maastricht*, F.A.Z., S. 25)

22.07.2012 Die Ignoranz der Marktgesetze hat uns diese Dauerkrise [Finanzkrise seit 2007/2008] eingebrockt. (…) Versagt haben Politiker als Aufsichtsräte, die nun die Schuld gerne anonymen Finanzmärkten in die Schuhe schieben und noch mehr Kontrollmacht für sich einfordern. (…) Wer die ewige Euro-Krise als Werk finsterer Machenschaften sehen will, sollte die Scheinwerfer auch auf das Gestrüpp dieser Günstlingswirtschaft richten. (Bok, W.: *Wer haftet für wen?*, Sonntag Aktuell, S. 6)

29.07.2012 Das bisherige Krisenmotto, Deutschland werde es am Ende schon richten, hat nicht länger Bestand – denn die hypothetischen Haftungszusagen für die Euro-Rettung entpuppen sich mehr und mehr als reale Bedrohung. (Pennekamp, J.: *Wann kippt Deutschland?*, F.A.S., S. 35)

30.07.2012 Sie [linksgerichtete Ökonomen und Politiker] erkennen zwar die drohende Zinslawine, glauben aber, die Kosten vor allem auf die Besserverdienenden abwälzen zu können. Und in der Tat: Mit Reichensteuer, Vermögens- und Erbschaftssteuer und dergleichen zahlen diejenigen, die dem Staat ihr Geld geliehen haben, Zinsen und Tilgung am Ende selbst. (…) Wundern muss man sich eher darüber, dass die fleißigen Bürger und Sparer sich nicht vehement dagegen wehren. (van Suntum, U.: *Die politische Ökonomie hinter der „Euro-Rettung“*, F.A.Z., S. 10)

31.07.2012 Wenn wir die Logik der Sozialisierung von Schulden und die Privatisierung von Gewinnen weitermachen, dann ist der Preis für die sogenannte Bankenrettung die Zerstörung der Gesellschaft. (Hudson, M.: *Nicht der Euro wird gerettet, sondern eine Ideologie,* F.A.Z., S. 29)

04.08.2012 Der Vorwurf, Deutschland sei unsolidarisch, ist alt und besonders beliebt, als sei die Zerrüttung der Staatsfinanzen in Griechenland und anderswo eine Naturkatastrophe, die andern die Rettung, also Daueralimentierung, zur moralischen Pflicht machte. (…) Druck wird ausgeübt, Deutschland solle sich nicht so anstellen, Verträge Verträge sein lassen und endlich dem unbegrenzten Kauf von Staatsanleihen [durch die EZB] zustimmen. (Frankenberger, F.-D.: *Im Zentrum,* F.A.Z., S. 1)

12.08.2012 Die Banker werden stigmatisiert. Aber die Banken werden ständig gerettet. (…) Der in der Marktwirtschaft normale Prozess, dass gescheiterte Unternehmen abtreten, ist blockiert: Wo sich Banker verzockt haben, wurden sie mit Staatsgeld gerettet. (Siedenbiedel, Ch.: *Verfall im Bankenviertel,* F.A.S., S. 34)

12.08.2012 Das sozialistische Modell Europas (Jean Monnet, Jacues Delors, Sigmar Gabriel) bläst den (französisch-etatistischen) Staat solange auf, bis er ganz Europa unter sich fasst. (…) Zynisch gesprochen, ist es den Zentralisten lieb, dass der Euro zur Staatsschuldenkrise geführt hat. Denn die Krise befördert den Zentralismus, der auch schon am Ausgangspunkt der Euroeinführung stand. (Hank, R.: *Der Ausnahmezustand,* F.A.S., S. 35)

13.08.2012 Für Vertragsverletzungen kann sie [die EZB] wegen ihrer Unabhängigkeit schwerlich zur Verantwortung gezogen werden. Sie ist gegenüber den EU-Organen nur berichts-, aber nicht rechenschaftspflichtig. (…) Die Bändigung der EZB bleibt ein Problem. (Blankart Ch. B.: *Die Euro-Zauberlehrlinge,* F.A.Z., S. 14)

Literaturhinweise

Die folgenden Literaturhinweise verweisen wegen der Aktualität hauptsächlich auf Artikel in Tageszeitungen, Wochenzeitschriften und Internet. Buchautoren sind GROSS geschrieben. Viele Zeitungsartikel können auch im Internet nachgelesen werden (Hinweis: Google-Suche mit Eingabe des ganzen Titels). Abkürzungen: F.A.Z. = Frankfurter Allgemeine Zeitung, F.A.S. = Frankfurter Allgemeine Sonntagszeitung

Ankenbrand, H., & Welter, P. (10.06.2012). Banken haben Spanien ins Unglück getrieben. *F.A.S.*, S. 34.

APPLEBY, J. (2011). *Die unbarmherzige Revolution – Eine Geschichte des Kapitalismus.*

Autoren, d. (06.07.2012). Europas Banken wanken. *DIE WELT*, S. 10.

BENJAMIN, W. (1921). Kapitalismus als Religion. In D. Baecker, *Kapitalismus als Religiion* (S. 15-18).

Bok, W. (12.07.2012). Wer haftet für wen? *Sonntag Aktuell*, S. 6.

Bollmann, R. S. (10.06.2012). Zerbricht jetzt der Euro. *F.A.S.*, S. 33-34.

Bolzen, S., Eder, F., & Hildebrand, J. (30.06.2012). Als die Kanzlerin mürbe wurde. *DIE WELT*, S. 4.

Brost, M., & Ulrich, B. (24.05.2012). Keinen Euro mehr – Ein Gespräch mit Thilo Sarrazin über Hilfe für Europa. *DIE WELT*, S. 4.

Di Fabio, U. (22.06.2012). Das europäische Schulden-dilemma als Mentalitätskrise. *F.A.Z.*, S. 9.

DIAMOND, J. (2006). *Kollaps. Warum Gesellschaften überleben oder untergehen.*

Emschermann, R., & Eisermann, D. (17.07.2012). Soli als Ausweg aus der Mithaftungsfalle. *F.A.Z.*, S. 10.

Enderlein, H. (24.05.2012). Jetzt spricht der Ökonom. *DIE ZEIT*, S. 49.

Frühauf, M. (22.06.2012). Menetekel Bankenunion. *F.A.Z.*, S. 11.

Fuest, C. (08.06.2012). Bankenunion statt Fiskal-union. *F.A.Z.*, S. 10.

FULCHER, J. (2011). *Kapitalismus*

GALBRAITH, J. K. (1989). *Anatomie der Macht.*

Gamlelin, C. (11.06.2012). Tage der Notlügen. *Süd-deutsche Zeitung*, S. 2.

Gerwien, T., & Hoidn-Borchers, A. (16.06.2012). War-ten auf Sarrazin. *STERN*, S. 33-42.

Göbel, H. (12.06.2012). Schuldensumpf ohne Sachver-stand. *F.A.Z.*, S. 9.

GRAEBER, D. (2012). *Schulden – Die ersten 5000 Jahre.*

Gutschker, T. (03.06.2012). Blick in den Abgrund. *F.A.S.*, S. 12.

Hamm, W. (12.07.2012). Das Diktat der leeren Kassen. *F.A.Z.*, S. 9.

Hank, R. (12.06.2012). Wildwest. *F.A.S.*, S. 34.

Hayes, B. (26.03.2012). *Die ESM-Bank: Das Stehlen soll zum Fundament der EU gemacht werden.* Abgerufen am 19.06.2012 von http://www.deutschland.net/content/die-esm-bank-das-stehlen-soll-zum-fundament-der-eu-gemacht-werden

hmk. (13.06.2012). Europäer halten die Deutschen für die Fleißigsten. *F.A.Z.*, S. 10.

Issing, O. (12.06.2012). Europa in Not – Deutschland in Gefahr. *F.A.Z.*, S. 9.

Kaube, J. (13.06.2012). Renoviert das Bad, und werdet mündige Bürger – Interview mit H.-W. Sinn. *F.A.Z.*, S. 31.

LANDES, D. (1999). *Wohlstand und Armut der Nationen. Warum die einen reich und die anderen arm sind.*

Merkel, A. (11.10.2011). *Regierungserklärung von Kanzlerin Merkel zum Europäischen Rat und zum Eurogipfel.* Abgerufen am 12.07.2012 von http://www.bundeskanzlerin.de/Content/DE/Regierungserklaerung/2011/2011-10-27-merkel-eu-gipfel.html

N.N. (21.05.2012). Abrechnung mit dem Euro. *FOCUS*, S. 108-118.

Plickert, P. (18.06.2012). Der Schattenwirtschaft auf der Spur. *F.A.Z.*, S. 12.

Plickert, P., Mussler, W., & Jahn, J. (2012.06.2012). Der ESM: Rettungsfonds oder Bad Bank? *F.A.Z.*, S. 10.

SARRAZIN, T. (2012). *Europa braucht den Euro nicht.*

Sarrazin, T. (17.07.2012). Geburtsfehler Maastricht. *F.A.Z.*, S. 25.

Sarrazin, T. (12. 06 2012). Griechen, Euro und die deutsche Schuld. *F.A.Z.*, S. 13.

Schäfer, M. (29. 06 2012). Ein Pakt für mehr Haushaltsdisziplin. *F.A.Z.*, S. 14.

Schröder, A. (20. 06 2012). Griechenland ist komplett aus der Spur. *Stuttgarter Zeitung*, S. 5.

SEDLÁCEK, T. (2009). *Die Ökonomie von GUT und BÖSE.*

Seidenbiedel, C. (17. 07 2012). Ein Wirtschaftswunder in Griechenland. *F.A.Z.*, S. 11.

Seidenbiedel, C. (12. 06 2012). Jeder rette seine Bank. *F.A.S.*, S. 32.

Skordos, A. (11. 06 2012). Gehirnwäsche aus dem Geist des Nationalismus. *Süddeutsche Zeitung*, S. 16.

Snower, D. (27. 05 2012). Vier-Punkte-Plan für Europa. *F.A.Z.*, S. 33.

Steinbrück, P. (24. 05 2012). Unpolitisch aufs Scheitern fixiert. *F.A.Z.*, S. 28.

Steltzner, H. (23. 05 2012). Schuldenunion. *F.A.Z.*, S. 1.

Steltzner, H., & Ruhkamp, S. (21. 05 2012). Europa könnte ganz gut ohne den Euro leben – Gespräch mit Thilo Sarrazin. *F.A.Z.*, S. 11.

Tichy, R. (04. 02 2012). *Moralische Epressung.* Abgerufen am 22. 05 2012 von http://blog.wiwo.de/chefsache/2012/02/04/moralische-erpressung/

Weidmann, J. (27. 06 2012). Der Euro verlangt eine Stabilitätsunion. *Süddeutsche Zeitung*, S. 28.

Quellenverzeichnis, Bildzitate

Die Nummer in der Spalte „Abb." ist die fortlaufende Nr. des Bildes im Verzeichnis der Abbildungen.

Abb.: Quelle:

1   STERN, 16.5.2012; FOCUS, 21.5.2012; BILD, 22.5.2012

2   http://www.geo.de/GEOlino/mensch/54250.
     html?t=img&p=2
     http://www.mz-web.de/ks/images/
     mdsBild/1277470363742l.jpg

3   (eigene Graphik)

4   http://www.n-tv.de/img/99/991431/Img_16_9_450_
     hauskauf-hausfinanzierung.jpg
     http://www.finanzwirtschafter.de/wp-content/
     uploads/2010/10/Geld-in-der-Hand1.jpg
     http://www.ferienhaus-in-kaernten.de/wp-content/
     uploads/2010/09/sparschwein.jpg
     http://www.trias-o.nl/wp-content/uploads/2011/07/macht.
     jpg

5   (eigene Graphik)

6   http://www.celebrityimage.info/wp-content/
     uploads/2012/03/Warren-Buffett-Photo.jpg

7   (eigene Graphik)

8   (eigene Graphik)

9   (eigene Graphik)

10   http://www.welt.de/img/bildergalerien/
      crop106436829/7808724398-ci3x2l-w620/Nikos-
      Lekkas-a-top-official-at-the-Greek-financial-crimes-
      investigation-unit-in-Athens.jpg

11   (eigene Graphik)

12   (eigene Graphik)

13   http://www.sackstark.info/wp-content/uploads/2009/03/
      deutscher_michel.png

14   http://www.glamour.de/var/condenast/storage/images/
      features/galerien/angela-merkels-mimik-und-gestik/
      angela-merkels-mimik-und-gestik13/777173-1-
      ger-DE/angela-merkels-mimik-und-gestik_gallery_
      large_landscape.jpg
      http://1.bp.blogspot.com/-ji50koAaEQ4/TsQMbg-plul/
      AAAAAAAABbg/6AGdhJJYYvM/s400/nylons2.jpg

15   http://www.nelcartoons.de/files/europaeische-schirmherrin-
      farbepix.jpg

16   http://www.konsumer.info/wp-content/griechenland.jpg
      http://www.fw-oberhausen.info/c/images/news-
      pics/57_1313947563.jpg
      http://bilder.bild.de
      http://blog.jetsettingmagazine.com/?p=21146

17   (eigene Fotomontage)

18   http://www.20minuten.ch

Abbildungsverzeichnis